これからの
Redesigning the Principles of Political Economy
経済原論

さくら原論研究会 編

泉 正樹・江原 慶・柴崎慎也・結城剛志
IZUMI Masaki　　EHARA Kei　　SHIBASAKI Shinya　　YUKI Tsuyoshi

ぱる出版

装幀 ——— 工藤強勝＋前田晶子

これからの経済原論

さくら原論研究会編

泉 正樹・江原 慶・柴崎慎也・結城剛志

はじめに

『変容』こそ，資本主義の本質なのだ

　小幡道昭著『経済原論』（東京大学出版会，2009 年）には，従来の定説を覆す衝撃的な一文がある。「これまでの経済原論」は，19 世紀のイギリスに典型的なかたちで現れた「安上がりの政府」「夜警国家」「自由放任」を理念とする自由主義的な資本主義のステージを基準として，他の国・時代の資本主義との距離感を測りながら分析するアプローチを採用してきた。しかし，現代の資本主義は自由主義段階ベースの経済理論を延長したり拡充したりするだけでは理解できないのだ，という指摘である。現代資本主義が経過してきた大転換を分析するためには，経済学の出発点のところから見直し，組み換え，再構築する必要がある。本書の執筆に携わった 4 名の共著者は，ちょうど 10 年前に上梓された『経済原論』に大いに触発され，悩み，考え，議論してきた。

　「これからの経済原論」は，共著者が長い間話し合ってきた成果である。完全無欠の原理論ではないという意味では，中間報告的な内容である。とはいえ，流通論，生産論，機構論の全域にわたって，共著者の現時点での結論が示されている。気づきは，我々の生活の大地を揺るがす資本主義の変動を把握するために，変わらなければならないのは経済学自身である，ということであった。

　本書の力点は，資本主義が〈変わる〉原因が，資本主義自身に内在していることにある。理論的な開口部と具体的なコラムを通じて，資本主義自身が変わろうとする力と，それを支え固定化しさらに変化させる国家の法制度や歴史的な事件との関係をできる

3

だけ明示した。

　200年以上の歴史をもつ経済学も，まだまだこれからなのである。与えられたツールを使って分析するだけの道具ではない。それでは通り一遍の結論しか得られないし，なにより面白みに欠ける。いま目の前に起きている現実を理解するためには，どのような認識枠組みを備えることが最適なのか。かつて，ステュアート，スミス，マルクスといった経済学者が，自分自身の経済学を立ち上げたときと同じ気持ちで経済学に取り組んでほしい。そう考えれば，経済学ほどわくわくする学問はないはずである。

　　　　　　　　　　　　　　　　　　さくら原論研究会

目　　次

はじめに　　　　　　　　　　　　　　　3

序　　論　　　　　　　　　　　　　　　9

第1篇　流　通　論

第1章　商　　品 ———————————19

第1節　商品の2要因　19
第2節　価値形態　21

第2章　貨　　幣 ———————————35

第1節　価値尺度　35
第2節　流通手段　37
第3節　蓄蔵手段　40
第4節　信用売買　44

第3章　資　　本 ———————————48

第1節　資本の概念　48
第2節　資本の変容　55
第3節　資本主義的市場のシステム　59

第2篇　生　産　論

第1章　労　働———————65

第1節　労働過程　66

第2節　協業と分業　73

第3節　資本のもとでの労働過程　86

第4節　賃金制度　97

第2章　生　産———————102

第1節　社会的再生産　102

第2節　生活物資と総労働量　109

第3節　搾　取　112

第3章　蓄　積———————118

第1節　資本蓄積　118

第2節　労働市場　122

第3篇　機　構　論

第1章　価格機構———————131

第1節　利潤率の二重構造　131

第2節　生産価格　136

第3節　複数生産条件の処理　143

第2章　市場組織 ———————————154

第1節　産業資本　155

第2節　銀行業資本　170

第3節　商業資本　183

第4節　株式資本　195

■コラム■

表券貨幣説　33

貨幣数量説　38

蓄蔵貨幣をめぐる論争　42

搾取の実証研究　128

労働価値説　141

知的財産権　152

手　形　168

銀行債務と貨幣　181

商業組織　192

景気循環　202

おわりに ———————————207

索　引　211

序　論

経済原論

　　　　　　　　現代経済は，グローバル資本主義とよ
　　　　　　　　ばれる 1970 年代以降に始まった世界
的な変容の只中にある。この変容は，兌換銀行券から不換銀行券
への銀行制度の転換，固定為替相場制から変動為替相場制への移
行，オイルショックとスタグフレーション，多国籍企業の展開と
競争の国際化，ソビエト社会主義共和国連邦の解体に象徴される
社会主義から資本主義への体制移行，東アジアにおける新しい資
本主義の勃興といったさまざまな出来事を伴っている。その中で
日本は，1991 年バブル経済の崩壊，2000 年前後の IT バブル後の
不況，いざなみ景気とよばれた長期の好況と同時に進行した非正
規雇用の増加と生活水準の下落，アメリカの住宅ローン問題（サ
ブプライム問題）に端を発する世界恐慌を経験してきている。

　このような資本主義の大転換がなぜ起こるのかという問いにた
いして，ひとつひとつの現象を抜き出して個別に分析するだけで
は決して答えることはできない。経済学は，一方では個々の現象
を取り上げて分析する部分理論や，消費者や個人の動向に着目す
る微視的な分析を深化させる方向で展開されてきたが，他方では
個々の現象が資本主義という社会システムの重層的な因果関係の
中で生じると捉える総体的な分析を発展させてきた。資本主義と
いうグローバルな枠組みの中で発生している諸現象をバラバラに
切り離して分析してみても，適切な理解は得られない。ある特定
の経済現象を分析するときには，考察対象に必ず含めなければな
らない要因とひとまず無視してよい要因とを峻別しなければなら
ないが，そのためには経済現象間の内部の因果関係を事前に分析

9

しておく必要がある。後者の総体的な分析枠組みが，経済原論である。

　経済原論とは，経済学の原理論 (Principles of Political Economy) を約めたものである。経済学という表現は，経済学の双頭をなすステュアートの『経済学原理』(1767 年) とスミスの『国富論』(1776 年) に登場する。とくに『国富論』の経済学をベースにして研究を進めた，リカードウの『経済学と課税の原理』(1817 年)，マルクスの『資本論』(1867 年)，スラッファの『商品による商品の生産』(1960 年) によって，現代経済学の基礎が打ち立てられた。日本にも，宇野弘蔵の『経済原論』(1950, 52 年)，久留間鮫造の『価値形態論と交換過程論』(1957 年)，置塩信雄の『蓄積論』(1967 年) などに代表される，独自の研究蓄積がある。

　現代経済を資本主義と把握する総合的視点は，マルクスの『資本論』によってはじめて与えられた。資本主義は市場経済に包含される下位概念である。市場を内に含む経済システムであるという意味で両者は同じものであるが，資本主義と市場経済は必ずしも同じ動きをしない。有史以来存在している市場経済の延長線上に現代経済を位置づける平板な歴史観を超えて，資本主義に固有の経済変動を自覚的に分析する経済学を，マルクス経済学とよぶ。マルクス経済学は，スミス，リカードウ，スラッファといった古典派経済学の研究知見を批判的に摂取し，その時々の資本主義を分析する中で姿かたちを変えてきた，成長し続ける理論でもある。経済原論は，そのマルクス経済学の基礎理論である。

資本主義　意外に思われるかもしれないが，経済学は経済活動を一般的に分析する学問ではない。対象を科学的に分析するためには，考察範囲を明確にしなければならないためである。ここで，資本主義という言葉の

意味を考えてみよう。資本主義のことを，より厳密には，資本主義的市場経済という。このように記述すれば，資本主義は，資本主義，市場，経済という3つの概念からなる合成語であり，資本主義と市場が経済を修飾している関係にあることが分かるだろう。ここでは資本主義的という形容詞的な概念からではなく，修飾されている概念から説明しよう。

地縁や血縁によって範囲を画され，経済活動を通じて維持される生活集団を**共同体**という。この共同体が，家族・身分・宗教・組織・慣習・法制度・階級・国家等の秩序を通じて編成されるとき，それを**社会**という。この社会の範囲は，共同体を維持するために必要な仕事の分担関係によって理論的に決定される。

人間が社会をつくり暮らしていくためには，モノやサービス（以下，モノとサービスを合せて**モノ**とよぶ）を生産し，それを何らかの分配の仕組みを通じて社会の構成員に届け，消費していかなければならない。経済は，どのような国や時代や経済体制の下にあっても，人間が生きていくためには必ず行わなければならない活動なのである。**経済**とは，そうした生産・分配・消費の活動全般を指す。

生産・分配・消費の活動のうち，どこに着目して経済体制を特徴づけるかについてはいくつかの方法があるが，ここでは分配に着目してみよう。モノを生産して消費する活動は人類がいつの時代でも共通して行わなければならないものであるが，生産したモノをどのようにして社会の構成員に配るか，という分配方法は国や時代によって異なる。したがって，分配は，経済史の発展段階を区別する視点となる。

分配という概念を理解するために，人間社会を思い切り単純化して，小麦，鉄，豚を生産する3者からなる社会を想定しよう。小麦，鉄，豚が3者に行き渡らなければ社会が成り立たないとい

う条件の下では，どのような経済の成り立たせ方が考えられるだろうか。

　まず，小麦と鉄，鉄と豚，豚と小麦を交換するという方法がある。小麦の所有者が鉄の所有者に小麦を譲渡し，鉄の所有者が小麦の所有者に鉄を譲渡する，このような所有物の持ち手変換を**交換**とよぶ。交換のポイントは，モノを譲渡するさいに必ず対価を要求することにある。モノが直接に交換される場が**物々交換市場**である。

　お金とモノを交換する場合のお金が貨幣であり，モノが商品である。商品との引き換えに貨幣を譲渡する行為が購買（買い）であり，貨幣との引き換えに商品を譲渡する行為が販売（売り）である。資本主義は貨幣でしか商品を購買することができない貨幣経済であり，貨幣経済の下での交換は売り買いになる。したがって，商品を貨幣で売買する場が**商品売買市場**である。

　次に，小麦の所有者が鉄と豚の所有者に小麦を譲渡し，鉄と豚の所有者も自らの所有物を残りの2者に譲渡することによっても社会の構成員は必要なモノを手に入れることができる。対価を要求せずにモノを譲渡する行為を**贈与**という。贈与のお返しをすることを反対贈与または返礼といい，贈与し合う関係を**互酬**という。贈与と交換は似て非なるものであるから注意が必要である。

　最後に，3者が交換または贈与を通じて取得したモノをその社会の権威の下に集め，小麦，鉄，豚を必要とする構成員に配り直すことを**再分配**という。現物で集める場合もあるが，現代では国が租税のかたちで貨幣を集め，現金または現物で再分配をしている。

　いずれの分配方法でも原理的には社会が成り立つと考えられるが，一般的には3つの方法の組み合わせで社会が統合されている。市場経済とは，交換という分配方法に着目して把握した社会

のあり方である。人類史を振り返れば、市場がいつも経済の中心にあったわけではなく、贈与が主である未開社会や、市場での売買が規制され再分配の枠組みが支柱となる封建社会や社会主義もある。資本主義は、交換が一般化した市場経済のさらに特殊なケースである。

このさい、資本主義を市場経済から区別する要因はただひとつである。それは資本の存在である。資本主義的市場経済では、たんに貨幣を使って商品を売買しているだけでなく、それがビジネスとして行われ、そのためにさまざまな資材や労力が用いられる。その世界に入ることを「社会に出る」と言っているくらい、それは私たちの社会の根本をなす活動となっている。資本が市場経済の動力となるとき、市場経済は最も広く、深く、社会の編成原理になるのである。本書が経済原論として、経済活動一般ではなく、資本主義的市場経済を対象にするのは、以上の理由からである。

このような資本主義的市場における商品売買を通じて社会が編成されるあり方は、資本主義以前にはみられない。資本主義は人類史を貫く普遍的な原理ではないという点で、歴史的に特殊な経済体制なのである。

表1　市場の重層構造

第1層	物々交換市場
第2層	商品売買市場
第3層	資本主義的市場

変容論アプローチ　　本書は16世紀の大航海時代を資本主義の起点に置く。資本主義は、地中海交易を通じて発展していた商業と、植民地の収奪・開発とを重要

序　論　13

な原動力にしていたためである。アフリカ大陸，インド，アメリカ大陸からもたらされる香辛料，紅茶，綿布といった新規の商品群は，ヨーロッパ世界の消費者の射幸心を大いに刺激した。交易を通じて成長する資本主義がそこにあったのである。

18世紀に入ると，イギリスでは，土地の囲い込み運動による私的な土地所有制度の確立が進められ，また，農業生産力の上昇が伴うことで，内発的な発展の基礎ができる。そして，19世紀のイギリスでは，機械と工場制度という革命的な生産システムの発明によって「世界の工場」とよばれる圧倒的な生産力が生み出されつつ，金本位制によって国際的な資金移動を内部に取り込んだ一国内の周期的な景気循環が発生することになる。ここにおいて，資本主義は，機械のような法則性を持って作動する市場メカニズムを伴って現れるのである。これを資本主義の運動法則という。その後の資本主義は，ソ連邦の成立によって地理的な限界を画される時期を経て，現在は再びグローバルに拡張する時期に入っている。

このように，資本主義は時代によって大きく姿を変えてきた。経済原論の課題は，こうした歴史を通じた，資本主義の運動法則と変容可能性を明らかにすることにある。資本主義の変容可能性とは，ある事柄の発生が常にひとつの現象に帰結するとは限らず，論理的には複数の発展経路が推論されることを指し示す。このような分析方法を**変容論**という。この変容論は，資本主義の論理的な発展可能性を解明する中で，経済学のロジカルな分析だけでは必ずしも特定できない歴史的・文化的・制度的要因があることを明示する。

経済学は理論的分析によって，まず一定の条件下では必ずこうなるという因果関係を特定し，次に同じ条件の下で複数の発展経路が推論できることを示す。社会が，複数の発展経路のうち，ど

の進路を実際に進むのかは理論的に特定することはできない。歴史的・文化的・制度的要因を組み込まなければ説明できない理論的な分岐点が**開口部**である。そこで，経済学は隣接諸科学と協同して，この開口部に拓かれた問題群を解くことになる。このような分析アプローチを**発展段階論**という。かつて経済学は資本主義の運動法則を解明することに主眼を置いてきたが，これまでの研究を通じてそのような課題はほぼ解決されるとともに，そのアプローチの限界も明らかになってきたといってよい。本書は，従来の経済原論では考察の範囲外としてきた発展段階論の領域に言及し，開口部の問題にたいする具体的な取り組み方を示唆するためのコラムを設けた。

前提条件

さて，資本主義と把握される現代経済を分析するためにはどこから手をつけたらよいであろうか。分析対象としての資本主義をイメージするのはそう難しいことではない。資本主義の分析は未知の世界を探索する訳ではなく，私たちが普段暮らしている社会をイメージすればよいためである。現代世界では，ほぼすべての国と地域が資本主義になっているか，資本主義の強い影響下にあるということも，資本主義を身近にしているといえよう。ところが，資本主義という分析対象の全体像を頭の中で抽象的に捉えようとすると，途端に思考回路はショートしてしまう。企業，株式，銀行，物価，景気といった経済主体や経済現象を表す雑多な用語の束としてしか表現することができない。一見具体的に見えて，実は抽象的な対象なのである。そして，このモヤモヤとした認識対象こそが紛れもなく資本主義なのである。このような対象が資本主義とよばれるからには，雑多な現象を束ねる軸があるはずである。経済学はその軸を**抽象力**によって抉り取り，雑多に見える諸現象を

序　論　15

論理必然的な連関のあるものとして結びつけて説明する。

　抽象力というのは実に抽象的な表現なので，なんのことやらと首をかしげてしまう向きもあろう。一般的にいって，物事を根本から掴むということは具体的な考察ではできない。余計なものが多すぎるためである。無駄を徹底的に削ぎ落とし，対象を理解するために必要十分な概念のみを使って考察するのである。本書では，資本主義分析に必須の概念と前提条件を事前に与えることにする。まずは抽象的に考えることに慣れて欲しい。

　資本主義を分析するためには，人間の経済活動を抽象化するところから始めなければならない。まず，経済活動に関わる人々のことを経済主体またはたんに**主体**と呼ぶ。主体の関心の対象がモノである。モノは主体の関心にしたがって，かたちがあってもなくても認識の上で区別できるオブジェクトであるから，**客体**と言い換えることができる。人間としての主体には物事を考える思考力と判断して決定する意思がある。主体は意思決定に基づく行為を通じて客体に働きかける。

　個々の主体の趣味嗜好や必要性によって異なるモノの性質のことを，**有用性**という。主体が求めるのはモノの有用性である。重さや長さといった主体の主観的な評価や判断によって左右されないモノの性質を，自然的属性またはたんに**属性**という。

　客体はかたちのあるモノだけでなく，知識や権利のようなかたちのないモノを含む。主体がモノを使用したり処分したりできる権限を有することを**所有**という。所有には，複数の主体が使用権を有する共有と，特定の主体が処分権を有する私的所有がある。資本主義では，**私的所有権**を成り立たせるための法制度や社会規範が前提されている。

　さらに，資本主義という分析対象の輪郭を際立たせるためにいくつかの前提条件をおく。資本主義の下ではすべての経済活動が

商品に関わっている。あらゆる企業は商品を市場に供給している。企業で働く労働者は、労働力を販売して賃金を受け取り、その賃金で生活物資を商品として購買して生活を営んでいる。市場に現れる主体で商品と無関係でいられる者はいない。商品の売買を通じて社会が循環しているのである。

　もちろん、主体は商品だけで暮らしているわけではない。主体には、先祖代々の土地や地域で利用できる共有地があり、そこで家庭菜園を営んだり、日曜大工で使う資材を収集してきたりすることもできる。商品経済の外側で獲得した財産を**家財**という。家財は、家庭で消費すれば商品ではないが、市場に持ち込めば商品になる。それまで商品ではなかったモノが商品になることを商品化という。モノは資本主義の変容に伴って、商品経済の内外に出入りする。そのため、普遍的に商品であるモノはないのである。

　したがって、資本主義は商品経済である。小売店の陳列棚に並ぶ商品を思い浮かべてほしい。たくさんの種類の商品があるだけでなく、同じ属性、同じ規格の商品がずらりと並んでいるのではないだろうか。これは資本主義の下で供給される商品の重要な特徴である。たくさんの商品種類があることを**商品の複数性**、同じ属性の商品のことを**同種商品**、それぞれの商品が大量に供給されていることを**商品の大量性**という。

　市場に入る主体は商品を所有している。そして、商品だけでなく、市場に参加している主体もさまざまである。つまり、市場には**主体の複数性**もある。主体が商品を売ったり買ったりすることで得をしようとすることを**利得追求**という。主体がいくら多様でも、積極的に損をしようと思って市場に参加している主体はいない。これらが経済学の理論的な前提条件となっている。

　ここで皆が利得を追求しているからといって、同じ行動を取ると考えてはならない。資本主義は、誰もが一様に得をできる環境

とはいえないため，主体は周囲の競争相手と歩調を合わせて同じ行動を取っているだけで利得を得られるとは限らない。最も効率的に利得を獲得できるような目利きや決断が必要である。さらに，各主体が置かれた状況が異なることで，利得追求という同一の判断基準が主体に異なる行動を取らせるのである。

　以上の前提条件をまとめると，①複数の同種商品が市場には大量に存在している，②多数の利得追求をする主体が市場には存在している，③私的所有権や社会的規範が前提される——という，商品・主体・制度による3区分が可能である。経済原論とは，以上のような3つの条件下で資本主義を厳密に分析する経済理論である。

第1篇 流 通 論

第1章 商　　品

> 資本主義的生産様式が支配的に行われている社会の富は，ひとつの「巨大な商品の集まり」として現われ，ひとつひとつの商品は，その富の基本形態として現われる。それゆえ，われわれの研究は商品の分析から始まる。
>
> 『資本論』第 1 巻第 1 章第 1 節

　　資本主義においては，富は土地の広さや権力の強大さを必ずしも意味しない。資本主義的市場ではあらゆるモノが商品として現れる。富める者というのは，資産を多く所有する者である。資産は商品で構成される。したがって，この商品というのは何かを，はじめに明らかにしておく必要がある。

第1節　商品の2要因

使用価値　商品は商品である前にモノであり，主体にとっての**使用価値**をもつ。使用価値とはその商品の役に立つ性質，すなわち有用性のことである。使用価値の大きさは主観的に決まり数えられない。それにたいして，商品の量はそのモノの属性に即して数えることができる。と

19

ころで，使用価値のあるすべてのモノが商品であるわけではない。モノと商品は異なる概念である。たとえば，どんなにおいしい野菜であっても家庭菜園で自家消費用に栽培しているモノは商品ではないし，同じ野菜を隣人に贈与する場合も商品ではない。したがって，モノが商品であるためには使用価値という性質を指摘するだけでは不十分である。

　モノと商品の違いを考えるには，商品が役に立つというとき，誰にとってなのか，と問うてみるとよい。野菜をたんなるモノではなく，商品として持っている人は，その野菜をおいしいとは思っているだろうが，自分で食べようとはしていない。そのおいしさを，他人にたいして訴えかけようとしているはずである。商品は使用価値をもっているだけでなく，**他人のための使用価値を**もっていることで，ただのモノとは区別される。

価　値

　商品所有者が，その使用価値を自分で享受するのではなく，他人にその使用価値をアピールしようとするのはなぜだろうか。贈り物でも，気持ち良く受け取ってもらうためには，贈られる側にとって有用である方がよいが，そうでない場合も残念ながら少なくない。商品の場合，他人のための使用価値であることがマストになるのは，その商品所有者が，自分の商品を渡すのと引き換えに，他人に何かを差し出させようとしているからである。だからこそ，自分にとって使用価値がないにもかかわらず，その商品を所有しているのである。

　主体は商品を市場に持ち込み，他の商品と交換して，自らの欲求を充足させる。他の商品と交換できる性質が**交換性**である。そして，この交換性が**価値**である。交換性としての価値の大きさ**（価値量）**は，他の商品との交換比率で量る。主体が，商品の価

20　第1篇　流通論

値を念頭に所有している商品は**資産**である。

　使用価値と価値はそのモノが商品となるための必須の要因であるため，商品の2要因という。

第2節　価値形態

(1)　簡単な価値形態

交換を求める形態　商品には価値があり，その価値には大きさがある。それは直接知覚することのできない捉えどころのないものである。見たり聞いたり嗅いだり触れたり味わったりすることのできる使用価値とは違う。では，なぜ〈商品には価値があり，その価値には大きさがある〉などといえるのだろうか。商品には他人のための使用価値があるという売り手の確信が根本にある。たとえ売り手にとっての使用価値がないモノであっても，買い手であるお客さんには間違いなく役に立つのだという気持ちでいなければ，積極的に買い手にアピールすることはできない。人によって趣味嗜好は異なっていても，自分の商品の使用価値は，少なくとも一定層の人びとには響くはずであり，したがって自分は他人にそれを譲り渡すさいに対価を求めることができる。その力を，商品は潜在させているのである。

　くわえて，他人のための使用価値は売り手の主観だけで判断されるわけではない。同種の商品を販売する主体が周囲にいることが，自らの判断を補強する材料になる。またさらに，主体が商品をただ同然で入手している可能性は低い。何らかの費用や労力をかけて取得しているという事情も，商品に価値があると思わせる理由になる。このように主体間の関係性の中で醸成してくる価値

第1章　商　品　　21

という要因が，商品そのものに内在しているように主体に理解されることを**価値の内在性**という。貨幣は，商品に内在しているものの視覚的には認識できない価値が目に見えるかたちで表に現れたものであり，価格は貨幣で表現された商品の価値の大きさである。商品の価値をベースに貨幣を説明する理論を**商品貨幣説**という。

　商品に価値があることは確かそうである。では〈どれだけの価値があるのか〉と問われると答えに窮してしまう。分かっているのは，商品の価値の内在性を各主体に認識させるような市場の構造があるということである。ところが〈どれだけの価値があるか〉という問題は，使用価値の評価と同様に主観的なものにならざるをえない。それぞれの商品について，みながバラバラの評価をしている初期状態が想定されるのである。

　主体が商品を持ち寄る素朴な市場を想定してみると，そこでの交換はうまくいかないことが推察できる。主体のはじめの躓きは，所有している商品の価値の大きさが分からないということである。したがって，商品所有者は価値量の模索から始めなければならない。

　さて，資産としてたくさんの小麦を所有する主体が，商品〈小麦〉の価値の大きさを知るためにはどうしたらよいであろうか。たとえば，10kg の小麦の価値量は 10 ポイントであるなどと独自の指標で言ってみてもまったく意味がない。もちろん，小麦所有者の胸の内には，だいたいこれくらいの価値があるに違いないという思惑がある。またそうでなければ，商品を市場に持ってくる甲斐がない。これくらいの価値であるという小麦所有者の思惑を具体的なかたちで示し，他の主体にも参照できるものにしなければならない。そこで商品所有者は，市場にある他の商品を用いるだろう。

22　第 1 篇　流通論

商品の所有者を A, B, C... のようにアルファベットを用いて，その認識方法を表記すると次のような等式が書ける。

　A：小麦 10kg ＝鉄 1kg

　この等式は〈小麦 10kg は 1kg の鉄に値する〉と読む。このような等式を作れば，主体 A は鉄の量で小麦の価値の大きさを表したことになる。商品の価値の大きさを他の商品の量で表すことを**価値表現**という。この価値表現のもとで商品の価値が知覚できるようになったとき，この等式を**価値形態**という。

　両辺にある商品を，それぞれの役割から次のように区別する。主体 A によって価値表現の素材とされた鉄は**等価形態**にある。小麦はその価値が鉄の量で相対的に表されているため**相対的価値形態**にある。等価形態の位置に置かれた商品をとくに等価物といい，商品としてのモノのことを商品体という。小麦と鉄のように 2 つの商品からなる価値形態が**簡単な価値形態**である。

　ところで，主体 A は無作為に鉄という商品を等価形態に置いたのではない。主体 A が〈商品ならどんなものでも欲しい〉という気持ちにあるとは考えられない。あくまでも具体的に鉄という商品を欲するから，数多の商品の中から鉄を選び出したのである。このように，主体 A が欲する商品を等価形態に置いたことで現れる価値形態を**交換を求める形態**という。あれも欲しいこれも欲しいという主体の色々な欲望の中から〈この商品が欲しいのだ〉と欲しいモノを特定するとき，欲望一般と区別して**欲求**という。特定の商品との交換を求める行為が**交換要求**である。価値形態の等式で交換要求を図示するときは矢印を用いる。

　A：小麦 10kg → 1kg の鉄

交換を求める形態では，主体 A は 1kg の鉄を欲し，それに等しいと思われる小麦の量を等置している。したがって，はじめに交換を要求する主体が欲する商品の種類と量を確定し，その後に等価形態に選定された商品と等しい価値がある商品量を考えるという手順になる。

　このさい，主体 A が小麦の量を 10kg とか 12kg とかと調節可能なのは，それを上回る量の小麦をストックとして蓄えているからである。たとえば，資産として所有する 100kg の小麦の中から，1kg の鉄にふさわしいと思う 10kg の小麦を相対的価値形態に置くのである。

```
評価を求める形態
```

　交換を求める形態では，主体 A が 1kg の鉄にたいして交換を要求することで，10kg の小麦の価値が鉄の量で表現された。しかし，鉄を用いた価値表現によって，小麦の価値量の客観的な水準が確定されるわけではない。鉄による価値表現は，鉄に関心のない周囲の主体にとっては意味をもたない。あくまでも主体 A の主観的な表現であるという限界がある。また，100kg の小麦の価値にぴったりと合うようにいますぐ欲しいと思う商品が存在している場合は，交換要求によって価値の大きさを表現することができる。しかし，いますぐ欲しいと思う商品がない場合は，残余の 90kg の小麦については表現されていないことになる。そうなると，主体 A が，いま所有している資産に価値があるということを確認するだけでなく，どれだけの価値があるのかを知りたいという動機が生じる。このように交換要求から切り離して，資産価値の**評価を求める形態**が派生するのである。

　主体 A は，まだ価値の大きさが表現されていない 90kg の小麦の利得追求の手段としての有効性を吟味する。そのさいには，ひ

24　第 1 篇　流通論

とまず小麦 10kg の価値は 1kg の鉄に等しいという簡単な価値形態での評価が参考になる。主体 A が, 1kg の鉄を入手するために必要な小麦量を超える資産を持っているということは, 今後, さらに他の商品と取引していく可能性があることを意味する。

(2) 拡大された価値形態

間接交換を求める形態　　交換を求める形態では, 1kg の鉄を欲する主体 A が相対的価値形態に小麦 10kg を置き, そうすることで結果的に主体 A による価値表現が行われていた。ところが, 主体 A が鉄を欲するからといって, 主体 B が小麦を欲するという対応関係にはない。相互の欲求が一致しない場合は交換が成立せず, 交換を求める形態は実現されない。主体 A と主体 B の欲求が一致しないという問題は, 間接交換によって解決される。

A：小麦 10kg　→　1kg の鉄
B：鉄 1kg　　　→　2 頭の豚
C：豚 2 頭　　　→ 30kg の砂糖

　主体 A, B, C の間にこのような関係が成り立っている場合, 主体 A は, 主体 B が欲する 2 頭の豚との交換を先行させて, 豚を交換手段とすることで鉄を入手することができる。これが**間接交換を求める形態**である。もっとも, 主体の複数性を考慮すると, どの商品を手に入れると最短の手数で目標の商品に到達できるのか簡単には分からなくなるが, 他の主体が欲しい商品を尋ねたり調べたりすることで, できるだけ多くの主体が欲する商品を確保し手数を減らすことができる。また, 複数の主体が同時に間接交

換を行っているため，求められる商品が絞られていく。

　A：小麦 10kg → 2 頭の豚→ 1kg の鉄
　　　　　　→ 30kg の砂糖→ 2 頭の豚→ 1kg の鉄

　間接交換を求める形態の結果として，小麦の価値は，鉄だけでなく，さまざまな種類の商品によって表現されることになる。ひとつの商品の価値が複数の商品の量で表現されているとき，この価値形態を**拡大された価値形態**という。

　A：小麦 10kg ＝ 鉄 1kg
　　　　　　　＝ 豚 2 頭
　　　　　　　＝ 砂糖 30kg
　　　　　　　＝　…

　拡大された価値形態では，小麦の価値の大きさは鉄，豚，砂糖などの量で表現されるようになっている。さらに，拡大された価値形態には，いろいろな小麦の交換レートを表示するという積極的な面がある。この関係をうまく利用して，主体は評価を求める形態を発展させる。

> 複数商品による価値表現

　　　　　　　　　　評価を求める形態では，主体は，周囲の商品所有者の価値表現を参照することで妥当な資産価値を推し量っている。周囲を見渡して相対的に高すぎるか低すぎるかする自身の評価の調整を繰り返していくことで，後に相場（45 頁）として現れる一定の評価の幅があることが理解されてくるのである。たとえば，コーヒー豆で量った小麦の価値の大きさは〈小麦 90kg ＝ 18kg のコー

26　第 1 篇　流通論

ヒー豆〉前後の比率で振幅するだろう。このさい，等価形態に置かれている商品を複数にして合成商品をつくることができれば，より安定的な価値表現ができるようになる。

　ところで，利得を追求する主体が，資産を単種商品で構成しなければならない理由はない。主体 B' が複数の商品で資産を構成している場合を考えてみよう。すると，主体 B' は 2 頭の豚にたいして次のように交換要求ができる。

　B'：鉄 0.5kg　→ 1 頭の豚
　B'：砂糖 15kg → 1 頭の豚

　これらを B' による 2 頭の豚にたいするひとつの交換要求とみると，次のように相対的価値形態に置かれる商品が複数になる。

　B'：（鉄 0.5kg, 砂糖 15kg）→ 2 頭の豚

　このとき，主体 B' は合成商品の価値表現をするとともに，資産評価を求める主体 A にとっては新しい価値表現の材料を提供していることになる。B' は，（鉄 0.5kg, 砂糖 15kg）というかたちで，2 商品をセットで価値あるものとして市場に出している。同じ商品セットの価値量との引き換えの約束を証券とよび，ここでは証券 ε の記号をあてる。B' は，自身の持つ資産（鉄，砂糖）から，証券の価値を維持するために，常に証券バスケットの構成を組換える。ちなみに，この商品セットは引換券や預かり証としてまとめることもできる。鉄 0.5kg と砂糖 15kg の比率で固定された現物の引換券は，代理物という。商品の使用価値の維持が困難場合には，現物の商品を用いるのではなく，いつでも一定の品質の商品と引き換えられる代理物を用いることに意味がある。

第 1 章　商　品　　27

B'：証券 ε → 2 頭の豚

　主体 A による，証券 ε を用いた価値表現では，単一の商品で価値を表現した場合よりも価値量の評価のゆらぎが抑えられる。なぜなら，主体 B' が証券の価値を維持するようにバスケットの構成を組み換えるからである。このように商品に内在する価値を証券のかたちで取り出す操作を価値の自立化という。もちろん，貨幣がない状態で証券 ε の価値を量るのは容易ではないし，複数の商品を組み合わせることで直ちに価値が安定するわけでもないが，何らかの基準となる商品セットを設定して評価してみることはできる。

　A：小麦 90kg = 8 ε

　ただし，証券 ε の価値を安定させることが利得追求に資するためには，より高度な市場組織が具備されなければならない。ここで第 3 篇機構論につながる。資産価値の安定化によって証券の信用を高めることで顧客にアピールする主体は銀行業資本である。
　商品交換の事例としては有体物がイメージされがちであるが，もともと商品としてのモノは有体物とサービスを含む概念であった。主体が欲するのが商品の使用価値ではなく価値である場合，商品としてのモノそのものを流通させる必要はないのである。したがって，商品に内在する価値を商品体とともに流通させることも，証券に自立化したかたちで流通させることもできる。

(3)　一般的価値形態

　複数の主体による交換要求を通じて間接交換の手段が選定さ

れ，評価要求を通じて評価手段が絞られてくる。間接交換は，各主体の直接的な欲求を薄め，他の主体の欲求を相互にうかがうように促し，〈あなたが欲しいモノだから私も欲しいのだ〉という動機を生み出す。評価を求める主体は，間接交換で提示された交換レートを参照して，適切な評価を探ることができる。また，それが交換レートに反映されるというかたちで相互に作用するのである。

　このさい，等価形態に置かれる商品には，目的の商品を獲得するために間接交換の迂回路を短縮するという選択を繰り返すことによって絞り込まれていく傾向がある。評価手段として役立つ商品は何でも良いというわけではない。このように，等価物が少数の商品に絞り込まれていくのは間違いないのだが，複数の等価物が存在する場合に，どれかひとつに決定する力は市場にはない。むしろ，価値ある商品ならどれでもよいという融通が利くのである。

　ここで，2つの要求を満たす商品 X が選択されたとする。すると，各商品の価値は商品 X で表現できる。皆から等価物に選択されている商品 X は一般的等価物である。一般的等価物としての商品 X は，価値表現と交換の手段として役立っており，すでに貨幣の役目を果たしているといってよい。この形態を**一般的価値形態**という。ここで，商品 X がコーヒー豆になったと仮定する。

　　小麦 10kg ＝コーヒー豆　 2kg
　　銀 500g　 ＝コーヒー豆　 8kg
　　上衣 3 着 ＝コーヒー豆 15kg

　ただし，一般的価値形態の持続性については，もう一段高い

ハードルがある。

(4) 貨幣形態

いま，コーヒー豆の他に，自転車とスマートフォンが等価物として支持されているとしよう。それらのうちのどの商品が一般的価値形態に位置してもよいのだが，それが偶発的かつ一時的な場合に留まる限り，価値表現としても，また間接交換の回り道を短縮するための手段としても不十分である。一般に貨幣というと，円，ドル，ユーロのような，ひとつの国や経済圏にひとつの貨幣が存在するという状態をイメージするだろう。このような単一の貨幣を導くためには，商品経済的な論理では説明できない社会的な意思決定が必要になる。たとえば，商品所有者が集まって組合を作り，自転車を貨幣にしようと決める。もっと広範に社会の構成員の合意を得ようとすれば，国が立法措置を通じて貨幣を制定することになる。

ここで何らかの外的条件が与えられて，すべての主体がコーヒー豆を等価物として承認し続ける状況が現れるならば，コーヒー豆は貨幣になる。これが**価値の貨幣形態**である。貨幣は，商品に価値が内在していることで生まれる。したがって，貨幣は**商品貨幣**である。貨幣は使用価値に制約されずに〈いつでも何でも買える〉**一般的交換性**を宿す。

```
  法　　貨
```

法律によって定められた貨幣が**法貨**である。法貨規定には，貨幣名の決定と支払手段の指定が含まれる。国が，コーヒー豆を法貨に認定し，コーヒー豆10グラムを1単位と法定すると，共通の単位で商品の価値を表示することができる。これが**価格の度量標準**である。さらに，国がコーヒー豆1単位を円と名づけると，円が貨幣名と

なり，価格は円で表示される。

小麦 20kg　＝　　2,000 円
羊毛 6kg　＝　　8,000 円
自転車 1 台 ＝ 90,000 円

　国が，税金の支払手段と裁判所が命じる罰金の支払手段に貨幣を指定すると，その貨幣には**強制通用力**が付与される。ただし，国が私人に強制できるのは，法律上の支払義務が発生するときだけである。私人間の売買契約において，国が必ず法貨を使うようにと命じることはできない。たとえば，コーヒー豆が法貨の社会の中にあっても，金のような商品での支払いを約定することができる。

　法貨の授受が選好されるのは，法貨で得た所得を税務署に申告し，所得税を支払わなければならないような事情があるからである。法制度という外囲が整っていない状態にあっては，どのような支払手段の特定もできない。これを支払手段の任意性という。

　国の財政が商品経済の循環の中に組み込まれているかぎり，法貨は商品貨幣でなければならない。国が徴税によって商品経済的富を収集しなければならないのであれば，商品経済との関わりを断ち切ることはできないのである。したがって，国がその権力をもってどんなものでも貨幣に制定しうると理解されているのだとしたら，それはとんでもない誤解である。国が法律で貨幣に指定しうるのは，商品の価値に裏づけられたもののみである。この点は強調しておきたい。本書の作例では，コーヒー豆，自転車，スマートフォンの 3 択しかない。これを外した貨幣の制定は，市場に参加する主体の意思を完全に無視してしまっている。主体は，国が指定した第 4 の貨幣を拒否することができる。

第 1 章　商　品　　31

たとえば，財務大臣が適当な紙切れに100万円と書き込み，長官名で署名したとする。100万円紙幣を1万枚発行すれば，あっという間に100億円の財源ができそうである。そのような紙幣はサイン色紙のように価格が付いて売れるかもしれないが，決して貨幣ではない。誰も受け取らない紙幣が，財務省の倉庫の片隅に放置されるだけである。

　ここまでの考察を通じて，利得追求という商品経済的論理に基づいて主体が行動する前提条件の下で推論可能な領域が特定できた。外的条件によって説明された部分が〈原理的に決定できない〉理論領域——**開口部〈1〉**——である。

　価値形態論では，価値表現と交換要求を行う商品所有者の行動を追体験しながら推論可能な領域を確定していくと，貨幣の源泉となりうる商品が少数に絞り込まれていくことが明らかになった。同時に，単一の商品貨幣の登場を論理必然的な帰結として導くことができないということも証明されたのである。貨幣の有力な候補者たちの中から貨幣商品を決定するための最後の一手は，理論的な開口部の外側から挿入されなければならない。これは決して理論上の不備ではない。むしろ，一定の条件下では必ずこうなるという必然性の領域と，外的条件が挿入されなければ説明できない可能性の領域とを峻別するところに意味がある。どのような現象でもひとつの理論体系で説明し尽くすことができるのだ，と考えることほど身の程知らずなことはない。それでは自己分析が足りないのである。

　商品が貨幣になることと，必ず特定の商品が貨幣になることとは同じことではない。貨幣になる商品を特定できないことによって，商品が貨幣になるという最初の命題を否定することはできない。価値形態論は，商品貨幣を論証するための最も頑健なロジックである。

Column 表券貨幣説

　実は〈貨幣を創造するのは国である〉という考え方は，経済学者の間でも一定の支持を得ている。このように貨幣を説明する経済理論を**表券貨幣説**または国定貨幣説という。表券貨幣説では，貨幣の本質は価値を計算する機能にあるので，貨幣そのものはトランプや百人一首のカルタ（表券 charta）のような任意の紙でよいと考える。このような**計算貨幣**は市場の中から自生的に生み出されてくるものではないため，国は市場の成立に先だって貨幣を制定しなければならない。たとえば，国が法律で貨幣名をポンドと決め，紙幣のような媒体にその額を記載すると，主体は国によって提供された貨幣を用いて売買を始めるのである。

　表券貨幣説は一見妥当に見えるが，3点の理論的課題に答えることができない。

　1点目は，市場経済は国の存在を前提するという仮定の妥当性である。古代の遺跡や史料を通じて人類史を紐解いていくことは大切であるが，国が常に市場よりも先にあったということの論証は至難の業である。むしろ〈貨幣を創造するのは国である〉という理論上の命題から逆算された歴史を見ている可能性も否定しがたい。

　価値形態論は，国の役割と市場の役割を峻別し，開口部を示すことで，国が先か市場が先かという後先の問題を解決している。経済原論は，資本主義の基礎たる商品経済的論理を明らかにすることを主眼にしているので市場から説明する。

　2点目は，計算貨幣が〈なぜ如何にして〉商品の価値を量るのかという問題である。商品経済の外側から挿入されたポンドという任意の単位によって，商品の価値を量ることはできない。1ポンドといったときの1の大きさを説明できないためである。大きさの分からない1という単位で，異種商品の価値を通約することはできない。重さを量るのは，1kgの1ではなく，kgの方であるのと同じである。価値形態論が示したように，計算貨幣は商品経

第1章　商　品　　33

済内部の理論的分析と結びつけて説明される必要がある。

　3点目は，表券貨幣が主体に受け取られる理由が説明されていないということである。表券貨幣説を素直に理解すれば，貨幣の発行主体は国である。より具体的に考えれば，財務省が発行することになる。国は公務員給与の支払いや公共事業の発注によって表券貨幣を供給するのである。そのような理論的仮定を置いてしまうと，国と商品経済を繋ぐ重要なパイプである銀行を経済学の外に追いやってしまう。さらに，租税と政府支出を通じて国と国民の間で循環する表券貨幣が，私人間で授受される理由も定かではない。したがって，価値形態論が示したように，私人間で授受される商品貨幣の中から国が貨幣を選定すると考えるほかない。

第2章 貨　幣

商品変態の諸契機は，同時に，商品所持者の諸取引——売り，
すなわち商品の貨幣との交換，買い，すなわち貨幣の商品との
交換，そして両行為の統一，すなわち買うために売る，である。
……商品体から金体への商品価値の飛び移りは……商品の命が
けの飛躍である。　　　　　『資本論』第1巻第3章第2節

　価値形態論を通じて，商品の価値をベースに貨幣が現れるとい
うことが論証された。商品には交換性という貨幣になりうる資格
が埋め込まれている。ひとたび商品と貨幣が分離すると，商品経
済は貨幣が交換性を独占する貨幣経済となる。言い換えれば，売
ることしかできない商品と，買う力を独占する貨幣との分離であ
る。これを商品と貨幣の非対称性という。商品から分離した貨幣
は，価値尺度，流通手段，蓄蔵手段という固有の機能を備える。

第1節　価値尺度

　価値の貨幣形態に位置する媒体によって，主体は価値量を統一的
な単位で表現することができる。貨幣で商品の価値量を表すと貨幣
価格が得られる。一般に価格とは〈貨幣で表示した商品の価値量〉
のことである。価格で表示された商品1単位の価値量を単価という。

小麦 1kg　＝　　100 円
鉄 1kg　　＝　　200 円
豚 1 頭　　＝ 30,000 円

売り手は商品に値段をつけて買い手に提案する。価値表現は，他人のための使用価値をもつ商品に〈これだけの価値がありますよ〉と示す，売り手の評価である。このような売り手の主観的評価の妥当性は，売り手自身には決められない。買い手が実際に貨幣を支払ったときに，はじめて値づけの妥当性が判断される。売り手の主観と買い手の主観とが折り合ったときに売買が成立する。購買とは，価格で表現された商品の価値が買い手によって認められたことを意味するのである。それまで表現されていただけだった価値が現実のものになったので，これを**価値実現**という。商品の価値量は購買によって確定され，実際に量られるのである。購買によって商品の価値量を量る貨幣の機能を**価値尺度**という。

　売り手は，値段をつけた商品に価値があることを信じてはいるが，実際に売れるまでは安心できない。その価格が，主観的評価に留まるか，それとも貨幣のかたちで手元にやってくるかは死活問題である。このことを比喩的に〈商品の命がけの飛躍 Salto mortale〉という。

　貨幣にたいして商品を譲渡する行為が販売（売り），商品にたいして貨幣を譲渡する行為が購買（買い）である。一般に売買は，契約解除に関する法制度が具備されていない場合，やり直すことができない契約になる。このことを**売買の不可逆性**という。一度商品を買ってしまったあとでもっと安く売っている売り手を見つけたとしても，お金を返してもらうことはできない。買った商品を売り戻したり，売った商品を買い戻したりすることができる可逆的な市場では，貨幣による価値尺度機能が作動しないのである。

　また，貨幣のある市場では，売買を成立させる力は売り手には

ない。買うという行為は，貨幣を支払う主体にしかできないのである。売り手は皆，貨幣にたいして交換要求をしている構造になる。こうして**買い手の主導権**が生まれる。資本主義には〈お客様は神様だ〉と揶揄されるような消費者主権のイデオロギーが生まれうる素地がある。

　ただし，貨幣がその力を発揮できるのは，市場に商品がストックされているからである。どんなに大金を積んでも，そもそも商品がなければ買うことはできない。貨幣の一般的交換性は，資産として売り手に所有されている商品の大量性に担保されているのである。

　〈いつでも何でも買える〉市場を商品所有者の側から見ると，販売に時間がかかる〈期間のある市場〉になっている。このような市場では，できるだけ早く売り捌くのが理想であるが，価値のある商品を慌てて処分する必要はない。買い手がつかないからといって，急に価格が暴落することはないのである。

第2節　流通手段

　売買の過程で，商品の持ち手変換が行われることを**商品流通**という。これにたいし，貨幣が商品と商品の持ち手変換を媒介し，市場の中に留まりながら運動していくことを**貨幣流通**という。商品売買を媒介し，商品を流通させる貨幣の機能が流通手段である。

　商品 Ware と貨幣 Geld のドイツ語の頭文字を取り，流通を矢印で表すと，商品売買は次頁のように図示できる。

　主体 A からみたときの売買は，販売【左枠線】と購買【右枠線】という2つの契機からなる。たとえば，前日に商品を販売して得た貨幣をもって，次の日に隣町の食料品店で買い物をすると

第2章　貨　幣　　37

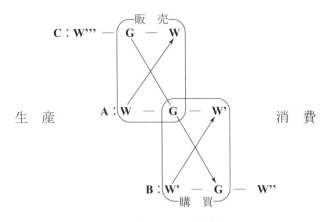

図 1.2.1 商品流通と貨幣流通

いうかたちである。つまり，販売と購買は，異なる地点，異なる時点に分離された行為になる。貨幣を媒介にする商品売買は，同じ地点，同じ時点で交換を成立させる物々交換 W — W' とは違うのである。

W — G — W' の市場では，W' の使用価値を求めて W を売る。〈買うために売る〉この形式を商品売買の基本形という。主体の商品にたいする欲求が需要であり，実際に貨幣の支出を伴う欲求が有効需要である。

── *Column* 貨幣数量説 ──

　流通手段に着目して商品量と貨幣量の関係を説明する理論は貨幣数量説といわれる。一定期間内の購買総額と販売総額は常に一致するはずであるから，以下のように定式化することができる。

　市場に存在する貨幣量を M，その貨幣が支出される平均回数を流通速度 V，商品価格の加重平均を価格水準 P，各商品が取引される量を取引量 T とおくと，貨幣量 M × 流通速度 V ＝購買総額，

価格水準 P ×取引量 T ＝販売総額となる。

$MV = PT$

これを「フィッシャーの交換方程式」という。たとえば，100万円の商品が販売されるために 100 万円の貨幣が支出された，という状態を表している。これは「方程式」と名づけられているが，実際には変数がどんな値でも成立する恒等式である。したがってこの式は常に正しい関係を示し，左辺 MV と右辺 PT の間の因果関係を特定できないため，解釈して意味づけられないという特徴がある。

「交換方程式」は解釈できない無意味な式であるにもかかわらず，現代の金融政策に強い影響を与えている。たとえば次のように変形され，〈貨幣量が物価を決定する〉という「理論」が主張される。

$$P = M\left(\frac{V}{T}\right)$$

この変形により，右辺が左辺を決定する関係があるとされる。仮に V, T がどういう値をとっても，ひとまず $\left(\frac{V}{T}\right)$ のように括弧でくくって無視することができれば，この式は物価 P と貨幣量 M だけの関係に集約される。そして，金融政策を通じて M の値をコントロールできるならば，物価 P は自在に操れることになる。

しかし，この主張には，ここには書き切れないほどたくさんの問題がある。主な問題点を 3 つだけ指摘しておこう。(1) 元々の式は恒等式であった。ということは M, V, P, T の間に特定の決定関係はない。式の変形によって，関係がないものの間に関係を創り出すことはできない。(2) M は流通手段としての貨幣である。しかし，後述するように，すべての貨幣が流通手段として存在しているわけではない。貨幣は信用機構の発展に伴って重層的に存在することになる。金融政策の操作対象としての M を特定することは，そう容易いことではない。(3) 仮にこのような説明を受け入れたとしても，説明可能な領域は $P=M$ に留まることは強調されてよい。貨幣量の増加によって物価が上昇するということか

ら，この式の内部で景気の良し悪しを表す T の値も変化すると考えてはならない。

現代の金融論では，高度に精緻化された議論が展開されている。だが，どのように上物を取り繕っても「交換方程式」という土台の上に適切な理論を構築することはできないのである。

商品と貨幣の価値が相対的な量関係で決まると考える貨幣数量説にたいして，商品貨幣説は商品と貨幣に固有の価値量があることを認める。物価と貨幣量の関係には，生産論で分析される社会的再生産の把握と，機構論で説明される銀行業組織の理解が不可欠なのである。

第3節　蓄蔵手段

商品売買の基本形で示されたように，商品を販売して貨幣を手にした主体は，すぐにその貨幣を支出する必要はない。一時的に貨幣が購買のための準備金として主体の手元に留まるとき，それを**鋳貨準備金**という。それにたいして，貨幣そのものが欲しいという欲求にしたがって貯め込まれた貨幣のことを**蓄蔵貨幣**という。〈いつでも何でも買える〉という貨幣の交換性にたいして，〈どれだけの量の商品を購買できるのか〉という貨幣の交換力を**購買力**という。貨幣がもつ購買力を一定期間維持する機能を**蓄蔵手段**という。

一般に，主体の必要を超えて蓄えられたモノの余剰が**富**であり，商品ストックとしての**商品経済的富**と区別する。商品から貨幣が分化したときには，商品経済的富は貨幣をも包括する。いつでも何でも買える貨幣の裏には，主体の欲求を刺激する商品のストックがある。商品は主体の必要を満たすだけではない。宝石や高級車のような贅沢品には，衆目を惹きつけ自尊心を満たし心理

40　第1篇　流通論

的に優位に立たせる社会的な力がある。主体は本当の私を見て欲しいのではなく，商品を身にまとった私を見て欲しいのである。贅沢に満ち足りない人の気持ちは理解しがたいと思うかもしれないが，もてばもつほど欲しくなるのが富なのだ。このような社会構造は富をもたない者を不安にする。我が身を守るものは富だけである。際限なく富を求めるように主体の心が駆り立てられることを**致富衝動**という。

あらゆる商品と自由に交換することができる貨幣は**一般的富**である。しかし，その客観的な価値量を量るのは厄介である。商品の価値の大きさは貨幣の量で量ることができる。では，貨幣の価値の大きさはどうやって量ることができるのだろうか。貨幣の価値の大きさを量る貨幣はないため，貨幣の価値は個々の商品の量で表現するほかない。貨幣には拡大された価値形態しかないのである。

ここで任意の評価基準を設け，貨幣の価値表現をしてみよう。

100 円 = 小麦 1kg
200 円 =　鉄 1kg

1 円の価値は 100 分の 1 kg の小麦または 200 分の 1kg の鉄である。平均価格は 150 円である。これでは貨幣の価値量は分からないが，貨幣の購買力の変化を物価指数のかたちで量ることはできる。

商品の価格を P，販売量を Q と書いて，次のような価格と数量の変化があったとしよう。

第 1 年　P_1(100 円 , 200 円), Q_1(200kg, 100kg)
第 2 年　P_2(200 円 , 100 円), Q_2(100kg, 200kg)

第 2 章　貨　幣　41

すべての商品が同じ数だけ売られている市場では平均価格を単純に比較することができるが，それぞれの商品が異なる量で売られた場合にはそのような比較はできない。物価指数を考えるときには，いずれかの年の販売量に合わせて売られたとみなして，基準年の物価を 100 として，価格の変化を取り出すのである。

$$物価指数 = \frac{P_2 (200, 100 \text{ 円}), Q_1 (200\text{kg}, 100\text{kg})}{P_1 (100, 200 \text{ 円}), Q_1 (200\text{kg}, 100\text{kg})} \times 100 = 125$$

このとき物価指数は 125 なので，商品の加重平均価格（物価）は 25％上昇し，貨幣の購買力は低下している。これがインフレである。基準年を第 2 年に変更すると物価指数は 80 になり，20％のデフレである。基準年を変更したり，物価の計算に含める商品の種類を変更したりすると，それだけで物価指数は変わる。貨幣価値には，その絶対水準を知ることができないという**不可知性**がある。

主体は貨幣を使って致富衝動を満たすように行動する。だが，その貨幣の価値は評価基準となる商品の種類や量によって変動してしまう。それは結局のところ，貨幣量の増加を基本的な行動原理としながら，価値が大きくなりそうな商品にもち替えていく活動になるのである。

--- *Column*　　蓄蔵貨幣をめぐる論争 ---

不況期に入るとその犯人捜しに躍起になるのは，いつの時代も同じである。資本主義の歴史を振り返れば，〈主体の致富衝動を引き出す蓄蔵貨幣が主体に貨幣を貯め込ませ，投資と消費を冷え込ませるのだ〉とか，〈一般的交換性が貨幣に特別な力を与え，

商品所有者の立場を弱めるのだ〉とかといった主張が繰り返しなされている。それはプルードンやゲゼルのアナーキズムや19世紀から現代に至るまでさまざまなタイプで主張される市場社会主義といった資本主義体制の根本的な転換を求める議論から，資本主義の活力を取り戻すためには貨幣の流通速度を早めなければならず，そのためには蓄蔵手段の機能を弱めなければならないとするフィッシャー流の議論，そして，W―G―W'の非資本主義的市場を資本主義的市場とは別に創出しようとする地域通貨の議論にも現れている。

資産として商品が所有され，時間をかけて販売される市場では，貨幣の滞留自体が資本主義の根本的な欠陥をなすわけではない。むしろ資本主義は利得を追求する中で，第3篇でみるように市場を組織化し，遊休資金を活用する仕組みを発展させることで効率性を高めてきたといってよい。

もっとも，市場組織の発展が景気循環を和らげ，無限の経済成長を約束するわけではない。さまざまなレベルで市場に介入する国が恐慌の発生を未然に防ぎ，不況を短期化するような財政金融政策が解明されたわけでもない。失業，貧困，格差といった人びとの生活基盤を破壊する資本主義の弊害は回避することができない。

このような資本主義のシステム論的な課題に立ち向かうためには，総合社会科学としてのマルクス経済学の知見を活かしつつ，経済政策という狭い視点に囚われない社会分析を行う必要がある。

ところで，貨幣が退蔵されることで有効需要が不足し，商品販売が停滞することは事実だとしても，それを貨幣改革で解消できるか否かは別問題である。たとえば，19世紀のアナーキストや市場社会主義者は，貨幣の権力の根源に金という貨幣素材の特質を見いだし，金貨幣を廃絶し紙幣に置き換えることで貨幣の社会的な管理が可能になると考えた。あるいは中央銀行による貨幣管理権限の独占を解消し，人民に貨幣の自主管理を認めることで，購

第2章 貨 幣 43

買力を回復させようとも主張された。ゲゼルやフィッシャーのように，流通手段の蓄蔵手段への転化を指弾する論者は，流通手段に課税し貨幣を将来に持ち越すことを禁じようとした。またさらに，別系譜ではあるが，貨幣量を増やそうとする現代の金融政策にも，流通手段の活性化に活路を求める発想が底流にある。

とはいえ，貨幣の特定の機能を社会制度の変更によって強めたり弱めたりすることができるのではないか，という問題意識の背景には，長期不況に見られるような資本主義のもとでの貨幣による理想的な均衡状態の破壊作用や，多重債務問題に見られるような貨幣の利子収奪的な作用がある。通説的には禁じ手とされてきたような非伝統的な金融政策が堂々と実現されている現代世界においては，中央集権的な金融政策だけでなく，分散的な貨幣発行や分権的な貨幣管理によって，資本主義の内外に自律的な貨幣圏を展望する構想が活かされてよい時代が来たといえよう。

第4節　信用売買

貨幣の実在する市場では，主体は商品を売って入手した貨幣で目的の商品を買う W—G—W' のかたちが基本になる。この基本形のもとで，貨幣で〈いつでも何でも買える〉のは，これから売ろうとしている商品が店舗や倉庫の中で待っているからにほかならない。このようなかたちで市場に存在している商品を**在庫**という。

在庫のある市場では，貨幣をもつ主体は必要なときに必要なだけ購買すればよいので，商品をもつ主体からすると販売に時間がかかることになる。このさい，商品が在庫として市場に滞留している期間を**販売期間**という。また，売り手が取り扱っている商品は，特定のメーカーの手袋のような同種商品なので，買い手はど

44　第1篇　流通論

の売り手から買っても同じである。この手袋に，どの売り手のもとでも大体同じような価格がついている場合，その価格帯を**相場**という。同種商品を扱う複数の売り手が競争しているなかでは，どの売り手から売れていくかは偶然となる。たとえば，主体 A が 3 ヶ月の販売期間を経て 100 万円の商品 W を販売し，100 万円の貨幣を手に入れることを次のように書く。商品の販売期間（単位は月）は W の右肩に付けて示す。

A: $100W^{(3)}$—100G

　売り手が，相場価格を維持しながら，販売期間を短縮するのは簡単なことではない。有利に販売するためには，販売のための資材と労力を費やし，周囲の価格動向を調べ，速やかに売れそうな商品を仕入れ，品質を管理し，売れそうな場所に運ばなければならない。

　同種商品を有利に販売する方法として，**値引き販売**がすぐに思いつく。しかし，これは必ずしも上策ではない。周囲の売り手が対抗的に値下げを行ってきた場合，値引き販売の効果はなくなってしまう。他の主体の追随を許さないようにするには，大幅な値引きが必要になる。また，売り手が緊急に現金を必要としていることを買い手に見透かされてしまうと投げ売りの危険が伴う。

　いま仮に，90 万円の商品 W' がすぐ欲しいので，10 万円の値引きを断行し，90 万円で W を売りに出した結果，即座に現金で W が売れたとする。この場合，90 万円が商品 W の値引きの限度となる。主体 A は，手元にある在庫と資金の状況によって値引きのタイミングを見極めるのである。

　値引き販売　A: 90W—90G—90W'

ただし，値引きをしたからといって，すぐに売れるとはやはり限らない。値引き販売のリスクを避ける方法に**信用売買**がある。商品に価値があるということは，原則として相場価格で販売できることを意味する。たとえば，主体Aは，3ヶ月後に100万円で販売される見込みのある商品在庫をベースにして，後払いで商品を購買するのである。

　信用で商品W'を売る主体Bは，たまたま販売が好調で手元の貨幣が潤沢であり，すぐに売る必要がない。また，主体Aの商品Wが見込み通りに売れて，3ヶ月後に約束の代金を受け取ることが期待できる場合に，主体Bは商品Wの販売可能性を信用し，商品W'を主体Aに後払いで販売する。このように信用を与える行為を**与信**といい，逆に信用を受ける行為を**受信**という。このような信用売買によって，主体Aには値引き販売のリスクを回避する，主体BにはW'の現金価格90万円よりも多くの貨幣を受け取れる，というメリットがある。

　信用売買のもとでつく価格を，現金価格と区別して**信用価格**という。この例では，信用価格の上限は100万円になる。信用価格には3ヶ月間の支払いを待った割増分が含まれている。信用売買では，売ってから買う商品売買の基本形が，買ってから売るかたちに変形されている。

　信用売買に伴って，貨幣を返済してもらう権利である債権と，貨幣を支払う義務である債務が生まれる。これを債権債務関係という。貨幣で債務を支払い，債権債務関係を消滅させることを**決済**という。

　主体Bが信用売買に応じない場合でも，主体Aには潤沢に貨幣をもっている主体Cから90万円の貨幣を借りる手がある。そうすれば，主体Aは商品W'を買うことができる。一般に，購買

には所有権の移転が伴うが，貸し借りにはそれがない。ここで主体Aが買ったものは，貨幣を借りている間だけ使う権利である。つまり主体Aは，貨幣の一定期間の用益を買っているのである。このさい，貨幣の用益が**資金**であり，その価格が**利子**である。

第3章 資　本

最初に前貸しされた価値は，流通の中でただ自分を保存するだけではなく，その中で自分の価値量を変え，剰余価値を付け加えるのであり，言い換えれば自分を価値増殖するのである。そして，この運動がこの価値を資本に転化させる。

『資本論』第1巻第4章第1節

第1節　資本の概念

貨幣の増加

市場に貨幣が登場すると，たんに不要な商品を手放し，欲しい商品を手に入れようとする動きはマイナーなものになる。何でも買える貨幣があるのなら，貨幣を集めればよい。こうして，商品と貨幣からなる市場は，貨幣を増やそうという誘惑をかき立てることになる。

そのためには，商品をなるべく高い価格で売るだけでなく，そうして得た貨幣を再度手放さなければならない。貨幣を握りしめていても，貨幣は増えない。もっと高く売れる商品を買ってこなければならない。このように，売るために買う活動を**転売**とよぶ。転売は，直接的には，貨幣を増加させるために行われる活動である。

貨幣には有用性がない。だから，どれくらいの量が欲しいのかは，自分にも分からない。貨幣には，食欲や睡眠欲のように満たすべき欲望が対応しているわけではなく，その増加にも天井はない。現実には，あまりがめつい人ばかりでは人間関係は成り立たないし，逆におカネに無頓着な人もいる。しかし理論的には，無限の貨幣増加がすべての主体によって目指される。

48　　第1篇　流通論

だが，これには重大な落とし穴がある。すでにみたように，貨幣はどんな商品でも買うことができる代わりに，貨幣自身の価値を表現する手段をもたない。この貨幣価値の不可知性のため，ただ貨幣を増やしていても，それで買える商品の集合が全体として増えているかどうかは知りようがない。

　したがって，市場に住まう主体には，貨幣を増加させるということ以上の活動が求められてくる。単純に手持ちの資産をすべて貨幣に変えてしまうのではなく，商品と貨幣をバランスよく保有しながら全体の資産額を増やしていく賢明さが必要なのである。

価値の増殖

手元の資産額を増やしていくためには，それに含まれるさまざまな種類の商品や貨幣を集計するルール作りが必要になる。貨幣単位を円とおけば，100万円の貨幣は，100万以外の数字で表しようがない。それにたいして100万円の商品は，それ以外の価格になりうる。その商品を買ってきたときの価格で記録しておくのは最も確実な方法ではあるが，相場の価格が変動するのに合わせて，それを書き換える方法もある。

　このルールは，必ずしも他人と同じである必要はないが，少なくとも自分でどのルールを使っているかは前もって決めておき，ある程度の期間にわたってそれを使い続けなければならない。そうでないと，自分の資産額の変化を把握できなくなる。このような会計ルールを設定してはじめて，前期の資産額を今期の資産額と比較することが可能になる。

　むろんそれでも，前期の現金100万円と，今期の現金110万円とを比べて，現金の量では増加していても，価値量が増加しているかどうかは分からないという問題は残る。貨幣価値は表示され得ないから，貨幣価値の増加は目指しようがない。

第3章　資　本　49

会計ルールの設定は，貨幣だけでなく，商品も含めた資産全体を期間をまたぎ比較するためのものである。本来，価値が不可知の貨幣も，そのルールのもとで商品とまとめて比較に付される。資産額の比較は貨幣価値の不可知性を解消しはしないが，それをひとまず回避するやり方である。

　このように，貨幣量の増加と区別された，商品と貨幣両方を合わせた資産全体の価値量を増大させようとする活動を**価値増殖**とよぶ。ただし，たんなる資産価値の上昇は，そのまま価値増殖になるわけではない。保有している資産全体の価値量の増大は，価値増殖の必要条件だが十分条件ではない。価値が増殖したといえるためには，(1) 増殖のための元手をどう確定するか，そして (2) 増殖分をどう確定するか，という 2 点が明確でなければならない。

　　　　　　　　　　　価値増殖のために拠出される元手を**資**
　　資本の本体　　　　**本**という。その拠出に際しては，うえ
でみた資産額の測定ルールにしたがって資本の額面を定める必要があり，その行為を**資本投下（投資）**とよぶ。古い言葉遣いでは
前貸_{まえがし}ともいう。

　資本の額面は，たとえば 500 万円などといった貨幣量で表示されるが，それは貨幣が 500 万円分あることを示しているわけではない。資本量 500 万円のうち，いくらかは貨幣でもたれているかもしれないが，残りは一定の価格が付された商品から構成されている。

　商品や貨幣は，価値の具体的な姿態であるが，資本そのものではない。資本はあくまでそうした資産総体に含まれる元手部分であり，一定の価値量として表示される。そこで，商品や貨幣と，資本とは，たとえば次の図のように別々の項目として記載されることになる。

　50　　第 1 篇　流通論

貨　幣 100 万円	資　本 500 万円
商　品 400 万円	

図 1.3.1　資本の本体

　このように価値増殖の元手を，貨幣や商品といったその具体的
な姿態とは別に記録しておくことで，商品価値が増減したときに
その差分を測ることができるようになる。また，信用売買によっ
て債務を負ったりしても，元手がいくらだったか分からなくなる
のを防ぐことができる。

　たとえば先の例から，商品の価値が 400 万円から 500 万円に増
加したとしよう。このとき，500 万円の価値に膨らんだ商品のう
ち，どこまでが元手である資本に相当し，どこからが増加分なの
かを考えることはナンセンスである。そんなことをしなくても，
貨幣と商品とは合わせて 600 万円になったのであり，元手は 500
万円の資本としてあらかじめ確定されている。

　また，信用で 100 万円分の商品を購入した場合にもやはり，資
産額は 400 万円から 500 万円に増える。このときには，債務相当
分を資本量に含めるわけにはいかない。そのため，次頁の図のよ
うに，債務が負債として計上され，資本量と資産額がズレてく
る。このズレを認識できるようにしておくためにも，商品や貨幣
と，資本とを分けておく必要がある。

　主体のもつ資産と負債を一覧できるようにした表を貸借対照表
（バランスシート）というが，以上の考え方は貸借対照表のしく

第 3 章　資　本　　51

みを単純化したものである。

貨　幣 100 万円	債　務 100 万円
商　品 500 万円	資　本 500 万円

図 1.3.2　資本の本体と債務

資本の運動

ただし，貸借対照表を作ることで，資本の本体を確定することができるが，それだけでは価値増殖ははじまらない。売買その他の経済活動に従事することで，価値増殖は達成される。その価値増殖の方法については次節で考察することとし，ここではその前に増殖分を測るための準備作業をしておく。

資本は，1 年間や四半期といったように一定期間を区切って，どれだけ元手が増殖したかを測定する。その間，さまざまな経済活動を行うのにはおカネがかかる。これを**費用**といい，運搬や保管，広告宣伝など，とくに流通のために必要となる費用を**流通費用**という。

費用の一部は信用取引によって後払いにすることもできるが，残りは現金で支払わなければならない。たとえば，多くの場合，人件費は現金払いである。そのため，資産の一部は必ず貨幣とし

52　第 1 篇　流通論

て保有しておく必要がある。

　流通費用は，どれだけかかるか予測できず，適正な支出規模を確定することができないコストである。資本がなるべく早く貨幣を獲得しようとするのは，こうした不確定な費用支出に備えるためである。これによる貨幣の増加は，すでに述べたように価値増殖そのものではないが，価値増殖活動に伴う現象である。

　資本の運動とは，このように費用を支出・回収しながら，投下資本の価値を増殖していく活動である。資本の所有者のことを**資本家**というが，その主体は資本の運動ではなく，運動している本体を所有している。

　運動する資本の本体が，単独の資本家によって所有されている場合，その資本家のことを**個人資本家**という。それにたいして，複数の資本の本体が寄り集まり，一体となって運動する場合，その資本を**結合資本**とよぶ。

　資本の所有者としては，すべての資本家は個別主体である。それは結合資本に出資する場合でもそうである。個人資本家は，資本の所有者であるだけでなく，1人で資本の運動まで担う，特別な資本家である。

利潤と利潤率

　資本の増殖分のことを**利潤**という。この利潤計算が，価値増殖の測定には不可欠である。

　まず，一定期間の経済活動による収入を計算する。これを売上とよぶ。売上総額は，販売価格×販売数量で求められる。他方，販売した商品そのものの原価とその個数から，仕入にかかった費用が計算される。この仕入総額を，売上総額から引いて得られる差分を，**粗利潤**とよぶ。

　粗利潤は，1単位当たりのマージンを積み重ねて計算すること

第3章　資　本　53

もできる。**マージン**は、商品1単位当たりの原価と売値の差分である。これに販売数量を掛ければ、粗利潤の額が得られる。

商品1単位当たりの原価が計算できる仕入費用にたいして、流通費用はそれができないコストである。たとえば、商品が結果として100個売れても200個売れても、広告宣伝費は変わらない。そのため、流通費用については商品1単位当たりの原価計算をせず、別途、粗利潤から一括して控除するしかない。

このように、粗利潤から、さらに流通費用を差し引いたものを**純利潤**とよぶ。たんに利潤とだけ言う場合には、この純利潤を指している。これが投下資本価値の増殖分になることから、元手となった価値量を上回る部分という意味で、**剰余価値**とも言い換えられる。このように、流通費用の存在によって、価値増殖は二重の構造をもつ。

以上の利潤計算をまとめると、右図のようになる。これは、貸借対照表とともに、現実の企業会計に用いられている損益計算書の考え方を抽象化したものである。

投下資本量で利潤を割って得られる値を**利潤率**という。これはフローをストックで割った値であり、資本の増殖効率を示す。すべての資本家

図1.3.3 粗利潤と純利潤

は、この利潤率を計算しており、この値ができるだけ高くなることを目指して活動する。

それにたいして、利潤率計算を必要としない（またはできない）が、資本家と同様に商品取引に従事している個別経済主体のことを**独立小生産者**という。ここでの「生産」は、あとで厳密に定義される意味ではなく、生産に代表される経済活動、というくらい

の意味である。彼らは投下資本ではなく，市場と無関係に保有している家財を使って事業を営む。もちろん商品を販売すれば，売上ははっきりと計算できる。しかし資本家と違うのは，その活動に用いられた資材や労力がいくらだったのか，貨幣額で評価されているとは限らない点である。したがって利潤率の分母である資本量や，売上から差し引かれるべき費用額が明確にならない。

　独立小生産者は，商品・貨幣・資本を分析するここまでの論理展開からは導出されない経済主体であり，非・資本家という消極的なかたちでしか定義できない。そのため，しばしば原理的には無視されるか，資本の運動によって解体される前資本主義的な主体とされてきた。しかし，資本主義以前に，こうした独立小生産者で構成されていた時代はかなり限定的であり，資本主義の発生にとって重要とは言えないという見解もある。その一方で，昨今広まる SOHO（Small Office ／ Home Office）のような働き方は，独立小生産者的な経済主体を現出させているとも解することができ，むしろ資本主義の進展につれ独立小生産者が形成・再編されてきているように見える側面もある。資本と独立小生産者の関係については，あらためて検討すべき余地が大きい。

第2節　資本の変容

価値増殖の方法の多様性

　すべての資本は利潤率の最大化を目指して運動する。ただし，その方法は多様である。転売活動を営むものもいれば，何かを作って売るものもいる。中には，第三者として信用関係を仲介することで利潤を上げようとするものもいる。

　しかし，こうして目に見える現実の業種をただ分類するのは理論ではない。このような資本の多様性を，原理論は，ここまで作

第3章　資　本　　55

り上げてきた道具立てのみで可能な限りにおいて説明するのである。本書では，価値形態論を通して，貨幣の多様性についても同じ態度で接した。ここでも，前節の資本の概念を踏まえ，そこから言える範囲で，資本の変容を明らかにしたい。

　一定額の資本当たりの利潤率を増進するためには，利潤を大きくするしかない。利潤の二重構造から，その方法は大きく2つに分かれる。ひとつは，粗利潤を増進する方法である。もうひとつは，流通費用を圧縮する方法である。

　以下でその2つの方法の特徴を検討していくが，注意すべきは，資本はどの業種であろうと，両方の方途で利潤率を上げようと頑張るということである。メーカーだったら粗利潤を伸ばそうとするが，商社だったら流通費用を縮小しようとするとか，そういう関係にはない。

　ただ，特定の地域・時代ごとに，ある業種で支配的となる活動様式というのは現実に存在する。我々の関心は，それらの類型化ではなく，そうした歴史的な変化が資本の概念とどう関わっているのかというところにある。

　いきなり現実の多様な資本の活動形態を理論で描くことはできないが，第一次的な変化のあり方までは，資本概念に即して論理的に明らかにすることができる。こうした資本の原理的な変容を，さらに細かく分化させていくのが，実際の歴史的・制度的要因の作用である。

姿態変換型

流通費用は不確定的に変動するが，その変動幅を上回って余りある粗利潤を確保することができれば，利潤率を高めることができる。粗利潤は売上総額から仕入総額を引いた値だから，これは売上を伸ばすか，仕入を抑えるか，いずれかの方法で押し広げることができる。

売上額の拡大も仕入額の抑制も、いずれも資本の運動を通して行うしかないため、そこでは何らかのかたちで費用支出が避けられない。その追加支出を上回る効果を得られなければ、粗利潤を増やす意味はない。その限りでは、粗利潤の増進は費用の節約と表裏の問題である。

　それにもかかわらず、この粗利潤の増進というのが単なる損益のプラス・マイナス関係以上の、価値増殖の方法と言えるのは、その活動の実態による。粗利潤を高めようと取引を行うとき、そこには必ずその資本が取り扱う商品の取引が伴う。粗利潤は、商品1単位当たりの価格をベースに計算される概念だからである。

　したがって、粗利潤の増進という方法は、バランスシート上の資産項目の変換をその活動実態とする。このように、商品や貨幣という姿態をまとう価値が、それを取り替えることを価値の**姿態変換**という。粗利潤の増進による価値増殖の方法は、姿態変換型ということができる。

　右図中の矢印の動きが、姿態変換に相当する。姿態変換は、バランスシートの左側（資産の部）に属する概念であり、右側（負債・純資産（資本）の部）については言わない。粗利潤を増大させるためには、安く商品を買い、高く売り飛ばさなければならない。それゆえこの動きは、

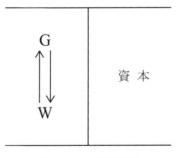

図1.3.4　姿態変換

$G—W—G'$ ($G'=G+\Delta G$) と書き表すことができる。

　価値の姿態としての商品・貨幣と、資本そのものを区別していないと、ずっとあとで扱う、信用を第三者的に仲介する活動に

よって価値増殖を図る銀行業資本が理解できなくなる。銀行業資本は自己の貨幣を貸し出すわけではないから，その資本が姿態変換するわけではない。しかし，手元に集めた種々の資産項目は不断に入れ替えるのであり，その意味で価値を姿態変換させて粗利潤を増進させることを試みる。

流通費用圧縮型

流通費用の節約も，数字だけ見れば出費の抑制の一種でしかない。しかもこれは，もともとマイナスである費用をなるべく減らすという，マイナスをマイナスする活動であるから，それ自体として剰余をもたらすものではない。プラス分は，また別のところから獲得してくる必要がある。

そのため多くの場合，流通費用圧縮型という方法は，姿態変換型と切り離せないが，粗利潤の増進のためには流通費用を必ず何らかのかたちで支出する必要があることを思えば，これは相対的な問題でしかない。保有している商品の価値評価額が膨らむなど，その資本が主体的な活動をしていないように見える場合ですら，そうした情報を入手し，資本の会計処理に反映させるところには，流通費用がかかっている。

それでもなお，あえて流通費用圧縮型の独立性を強調するのは，こうした方法はそれ自体として利潤を生まなくても，利潤を上げる間接的な根拠になっているからである。その資本に任せた方が流通費用の減縮が見込まれるからこそ，販売や信用調査など，一定の業務を代行させる，という関係があるとき，その資本の運動には粗利潤の増進より，流通費用の圧縮に利潤根拠があると言える。

このように流通費用の圧縮に資本の運動の力点が置かれるときには，粗利潤の増進が犠牲にされる場合すらある。粗利潤を拡大

させることだけを考えれば，利ざやが最も大きく取れそうな商品だけに専門特化すればよい。しかしそれにはそれなりのコストが要される。長期的に見て流通費用を安定的に低く抑えた取引に従事しようとすれば，多種多様な品目をバランスよく取り揃えた方がよい。それもまた，利潤率最大化を目指す方法の一つなのである。

　商品1単位あたりに還元できないという流通費用の性格からして，単発の取引だけで流通費用を節約するのは困難である。複数種の商品の取扱い，あるいは複数の相手との取引の中で，まとめて費用を圧縮するのである。流通費用圧縮型のコアは，この集積効果にある。

　以上のように資本は，利潤の概念に即して，価値増殖の方法について，姿態変換型と流通費用圧縮型の2つを原理的に有する。現実のあらゆる資本は2つの側面を併せ持つが，特定の時代において，どちらが支配的な方法に発展するかは，具体的な歴史過程を通して分析されるべき課題であり，原理的に決定できない。そうした歴史分析の基礎理論として，原理論は資本の**開口部〈2〉**を明らかにする。

第3節　資本主義的市場のシステム

> 単純な商品流通と
> 資本主義的市場

貨幣の流通手段機能を通して見た市場は，流通手段として貨幣が市場の内部にとどまり続ける一方で，商品の持ち手変換を遂行してゆく，W─G─W'を中心としたものであった。これを**単純な商品流通**という。

　この資本が不在の単純な商品流通を眺めていると，たまたま生じた余り物を手放し，欲しいモノを手に入れる場が市場であ

第3章　資　本　59

るという印象を受ける。これを完成した市場の姿と見ると，G —
W — G' というかたちで書き表される姿態変換を通じて価値増殖
を図る資本の運動は，市場にとって本来的でない異物に見える。

　しかし商品と貨幣を備えた市場は，すでに見てきたように，貨
幣量の増加，そしてそれでもなお満たされぬ，価値の増殖活動へ
と主体を駆り立てるのであり，単純な商品流通に止まり続けるこ
とはない。単純な商品流通は，必然的に資本を生む。

　これは W — G — W' が市場で行われなくなるということを意
味するわけではないが，資本はそれを目指して活動するわけでは
ない。価値増殖を目指す資本の運動によって市場が駆動する結
果，W — G — W' の連鎖が構築されていくのである。

　資本の運動に伴い，その資産項目が変更されていく中で，商品
の持ち手は変換されていく。このうちに結果として，要らないも
のは売られ，必要なものが買われていくことになるのである。こ
うした資本を中心とした市場を，**資本主義的市場**という。

　資本主義的市場では，不要なものは資本にたいして売られ，必
要なものも資本から買われることになる。資本主義的市場は，単
純な商品流通の機能を包含した，市場の完成形である。

```
┌─────────────┐
│  市場の完結性  │
└─────────────┘
```
資本はその運動のうちに，商品を市場
に提供してくる役割を果たす。資本は
自らの価値を増殖させるためにそうするので，自分でその商品を
消費することはない。つまりその商品は，「他人のための使用価
値」になりきっている。

　本書第 1 篇の冒頭は商品の規定にはじまっていた。そこでこの
「他人のための使用価値」は説明したが，なぜその商品所有者が
要らないモノを持っているのか，最後のところで詰めきれない。
それは結局，売るために所有しているモノが商品であり，「売る」

という行為には，貨幣の概念，そして資本の概念規定が要される
からである。

とりあえず「他人のための使用価値」の意味を飲み込んでもら
えれば，そこから展開される貨幣・資本の概念を使って，あとか
らその意味を補足していくことができる。資本家は，純粋に「他
人のための使用価値」になりきっているモノを所有する，典型的
な主体である。

これは論点先取の弊にも思われるかもしれない。しかし一定の
前提を置けば，ある命題が論証できるという通常の演繹スタイル
を，本書は一歩も出ていない。その最後の結論が，最初の前提を
含んでいるからといって，そこまでのロジックがご破算になるわ
けではない。

この第1篇がたんなるトートロジーでないことは，結論部分が
最初に前提された内容以上のものを含んでいることからも分か
る。資本主義的市場の構造は，商品が「他人のための使用価値」
であることから自明というわけではない。実際，単純な商品流通
でも，商品は「他人のための使用価値」である。

というわけで，資本主義的市場は，商品概念の前提を含むかた
ちで，完結している。これは資本の価値増殖運動という内燃機関
を備えており，自立的である。市場は，生産や消費とはひとまず
独立に説明可能な対象なのである。

> **市場の浸透力 (1)**
> **姿態変換を通して**

市場がこのように論理的に完結し
ているからといって，市場は外部
領域に干渉しないわけではない。
市場の完結性は，閉鎖性を意味するものではない。資本主義的市
場は開放系であり，価値増殖運動を動力として，外部から余剰を
経済的な強制力で汲み上げる。第1篇を閉じるにあたって，最後

第3章 資本 61

に，市場の主役として躍り出た資本の運動方法に即して，この開放系がどのように外界に作用するか，考察しておく。

　粗利潤を増やそうとする過程で，資本は手元の資産を姿態変換させる。これは簡単に言えば「安く買って高く売る」活動だが，後ろの「高く売る」のは，同種商品が大量に販売されている市場ではかなり難しい。他人よりも高い価格付けをすると，売れないのは目に見えているからである。

　そのため，資本の運動は「安く買う」方へとドライブが強くかかる。相場よりも値引きされた商品を買い集め，相場の価格に戻して売れば，利ざやが得られる。しかしこれではあまりにも当たり外れが大きい。さらに先へと，資本は市場の外へ進出していくことになる。

　商品は商品である前にモノであった。そうだとすれば，商品として売買されていなかったモノに価値を見出し，商品に仕立て上げることで，たんなる利ざや獲得競争から抜け出ることができる。これらのモノは，多くの場合もともと共同体内で，非営利で作られたり，やりとりされていたりする。そこに商品としての価値を発掘し，市場に売りに出すのである。資本の運動が発揮する，この市場の浸透力によって，非資本主義的な領域として残っている共同体部分は，蚕食されていく。

　さらにいけば，資本は自ら商品となるモノを作る方向へ進む。「安く買う」方式から「安く作る」方式への広がりである。このためには，おカネで生産の担い手を集められなければならない。つまり，労働力が商品となっている必要がある。市場は，労働力の商品化を基礎に，生産の部面へ浸透していく。浸透される側の生産の領域については，次章で考察する。

> ### 市場の浸透力 (2)
> ### 費用化を通して

第2の市場の浸透力は，流通費用圧縮型の方法に沿って発揮される。流通費用を節約するにあたっては，まずはそれが費用として認識されていることが前提になる。あらゆる経済活動には何らかのかたちで代償が伴っているが，そのすべてが逐一把握されているとは限らない。それらをきちんと貨幣額で表すのが費用化である。

　費用化は自力のみでできるとは限らない。自分で何気なくやっていることが，他人におカネを払ってやらせてみて初めて費用化されることもある。共同体内部で提供されているさまざまなサービスも，実際には何かの犠牲を伴っていても，費用として認識はされていないことが多い。

　資本は，利潤率を最大化するために流通費用を少なくしようという動機をもつが，これは費用としてすでに判明している部分を圧縮するだけには止まらない。費用として把握できていない部分を洗い出し，さらなる効率化を目指す方向にも資本は働きかける。

　価値増殖の基盤を，流通費用圧縮型の方に置く資本は，そういう資本の要望に応える。「気がつかないうちに，ココにこんなにかかっていますよ」と費用化を促し，それよりも安く済ませる手段を提供する。これはしばしば，上述したモノの商品化と並行して行われる。費用化とモノの商品化の合わせ技で，資本はこれまで商品経済で処理されていなかったエリアに浸透し，市場を創出していくのである。

第3章　資　本　　63

第2篇 生 産 論

第1章 労　　働

> 労働は，まず第1に，人間と自然とのあいだの一過程，すなわち人間が自然とのその物質代謝を彼自身の行為によって媒介し，規制し，管理する一過程である。人間は自然素材そのものにひとつの自然力として相対する。彼は，自然素材を自分自身の生活のために使用しうる形態で取得するために，自分の肉体に属している自然諸力，腕や足，頭や手を運動させる。
>
> 『資本論』第1巻第5章第1節

　序論でモノと主体とを定義し，第1篇では，モノの特殊なあり方である商品と主体という出発点から，市場を経由して資本概念までたどり着いた。資本は，売り物を「安く買う」だけでなく，市場の外部に位置する生産の領域へ浸透していき，売り物を「安く作る」方向へ進む可能性をもつ，というところまで明らかになった。

　第2篇では，生産の領域の基本構造を社会的再生産過程として把握し，そこに資本がどのように浸透していくのか，という問題を考察する。その際の出発点は，第1篇と同様にモノと主体との関係になる。しかしここでは，市場の方角にではなく，まず，社会的再生産に到達することを目指して進む。次いで，その資本主

65

義的なあり方が見渡せる地点まで赴く。

　本章では，とりわけ主体の側に注目し，モノの世界を制御する人間の合目的的活動（＝労働）について考察する。

第1節　労働過程

> 自然過程

　まず，モノと主体との関係を振り返っておこう。モノは，主体の関心の対象となる客体であり，自然的属性と有用性を有するのであった。モノは，自然的属性のレベルで互いに反応し変化するのであり，主体はモノの世界とともにある。ある主体から見ると，別の主体はモノの一種としての側面を有する。

　モノどうしの反応を厳密に捉えるには，少なくとも分子レベルでの記述が必要になる。しかしここでは，知覚可能なイメージを優先して，地面に撒かれた小麦がやがて芽を出して成長し，実りを迎えるという例を考えてみることにしよう。「小麦」，「空気」，「水」，「土」，「光」といった「モノどうしの反応」が生じているとみなすわけである。

　こうしたモノの世界の中で，主体はさまざまな欲求を抱く。主体の欲求は，各自の内的世界のみで完全に満たされるのでない限り，主体にたいする客体，つまりモノの世界とのやり取りを通して充足される。このため，主体は，自己の外部のモノの世界に関心をもつ。

　ただしその関心は，モノの世界全体に向けられるのではない。主体は，時間の経過に伴って自然的属性のレベルで進行するモノどうしの複雑な反応過程に枠をはめ，さしあたり必要な部分だけを切り取って利用する。このように，主体の関心に基づいて切り取られたモノの反応過程のことを**自然過程**とよぶ。

66　　第2篇　生産論

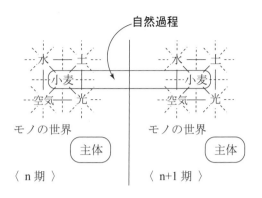

図 2.1.1　自然過程

　たとえば，飢えから逃れたい，または，友人にプレゼントしたい，または，植物の成長を観察したい等々，といった具合に主体の欲求はさまざまでありうるが，それらの欲求を充足するために，小麦の生育に関心を寄せる必要があるとしよう。自らの欲求充足に小麦の生育が関係する以上，この主体にとってモノの反応過程は，たとえば図 2.1.1 のように，小麦に焦点を合わせた見え方になるはずである。そしてこの主体は，撒かれた小麦が実るという自然過程を，たとえば，

［数値例 (1)］
小麦 60kg → 小麦 100kg

と記述する。これは，ある時期（n 期）に 60kg であった小麦が，一定期間後（n+1 期）に 100kg になったことを示す表記である。もちろん，主体が本気で「小麦の生育」に関心を寄せ，より多くより安定的に小麦を収穫しようとする場合には，小麦だけに焦点を合わせた自然過程では間に合わない。小麦の生育に適した土壌

第 1 章　労　働　　67

はどのようなものなのか，どれくらいの水分が必要なのか，といったことは当然に主体の関心事とならざるをえない。自然過程は，モノの反応過程にたいする主体の認識に伴って伸縮する枠組みである。

　ともあれ，このように過程の始まりと終わりとを明確に区切ることで，両端に存在するモノの量を比較することができるようになる。ただしそれはあくまで，自然過程が，主体の関心に基づいて切り取られたモノの反応過程だからいえることである。本書では，世界の状態を瞬時に完全に把握できるような超越的な主体は想定していない。このため，もし，複雑に反応しあうモノの反応過程全体を対象にしてモノの量の比較を行おうとしても，そもそも過程の始まりと終わりとを区切る基準が存在しないため不可知となる。この点には十分に留意しつつ，次の用語を定義しよう。

　自然過程において，過程の始まりに位置するモノのセットを**投入**，終わりに位置するモノのセットを**産出**という。そして，投入と産出で同じモノの量を比較して，産出時の方が増えている場合を**生産**とよぶ。逆に，減少している場合を**消費**とよぶ。この定義に照らすと，先の小麦の例（小麦 60kg →小麦 100kg）は生産となる。より詳しい生産と消費の概念は次章で考察するが，その基本は，自然過程におけるモノの増減にある。以下，自然過程を制御する主体の活動を労働という概念で捉えていくが，労働は，生産においても行われるし，消費においても行われる，という点はあらかじめ押さえておこう。

合目的的活動　　　主体は，時間の経過に伴って進行するモノの複雑な反応過程を，関心の対象となるモノに焦点を絞り，始点から終点に至る自然過程として認識する。なぜ，このようなことを主体は行うのか。それは，主体

68　第2篇　生産論

の抱くさまざまな欲求が，自然過程の終点に位置するモノを通して充足されるからである。終点に位置するモノは，主体の欲求充足に資するモノという意味で，主体がさしあたり追求すべき目的となる。

　こうした観点から自然過程をあらためて眺めると，始点に位置するモノは，終点に位置するモノをもたらす手段になっていることが分かる。繰り返しになるが，このようにモノの世界を目的と手段とに分離できるのは，主体がモノの反応過程を自然過程として切り取っているからである。「自然過程」は，主体と独立に存在するモノの反応過程ではない。自然過程は，終点に位置するモノ（目的）から逆算していって，始点に位置するモノを手段と位置付ける，主体が生み出す「過程」である。

　さらに主体は，モノの反応過程を自然過程として切り取るだけではない。追求すべき目的が自然過程の終点に位置するモノというかたちで明確になれば，主体は自然過程に介入して制御を試みるようになる。それはなぜか。

　自然過程として切り取られたモノどうしの反応過程は，その枠組みの外側で同時に進行するモノの世界全体の複雑な反応過程とも分かち難く結びついている。このため，始点から終点へと至る自然過程は，必ずしも主体の思い通りに進まないこともありうるからである。

　このとき主体は，自然過程の進行を妨げる外側のモノの反応過程からの作用を攪乱要因として除去する。逆に，円滑な自然過程の進行に資する作用が外側のモノの反応過程に認められる場合には，それを積極的に取り入れて自然過程の枠組みを拡張する。こうした主体の制御を通して，自然過程の進行は安定性を増すことになる。

　このように，目的を設定し，その実現を意識的に追求する活動

第1章　労働　　69

（**合目的的活動**）は，とりわけ人間において顕著である。この合目的的活動を**労働**とよぶ。

労　働　力

主体の関心に基づいて切り取られたモノの反応過程（自然過程）が，主体の合目的的活動（労働）によって制御されるという点は了解するとして，では，自然過程を制御する側の主体の内部構造はどのようになっているのだろうか。その内容を分析的に示すための工夫として，本書では労働を，[1] 主体が追求する目的の自然過程としての認識，[2] 自然過程の制御による目的への到達，という2段階からなる活動として捉えてみることにする。

[1] の段階で主体は，視覚や聴覚といった五感を通して神経系に送られた情報を参照しつつ，いま追求すべき目的は何か，それを実現するには何が必要か，といった問題を整理して自然過程を明確にする。こうした主体の側面を**意識**とよぶ。

他方，[2] の段階では，意識が切り取ったモノの反応過程（自然過程）にたいして実際の制御が行われる。ただし意識は，自然過程に直接はたらきかけるのではない。意識は，手や足，目や耳といった諸器官を通してモノの世界と接しており，それらを介して自然過程を制御する。モノの世界と現実に接するこうした主体の側面を**身体**とよぶ。

意識は，自己と対話しつつモノの世界を巡回し，その時々の欲求充足に役立つモノとモノとの反応過程を自然過程として認識して，その効果的な制御を企図する（[1] の段階）。身体は，そうした意識の目論見を請け負う（[2] の段階）。このように，主体に備わる，物事を企画し実行に移す能力を**労働力**とよぶ。合目的的活動としての労働は，主体内部で [1] → [2] という手順で進行する労働力の発露である。

70　　第2篇　生産論

> **労働過程**

自然過程はモノの反応過程の一部でもあるため，それらモノどうしは，時間の経過とともにそれぞれの自然的属性に基づいて反応する。主体は，時間の経過に伴って進行するモノどうしの反応に労働を加えて制御し，それらを意図した方向に導く。ここではモノと主体との関係は，労働（主体）による自然過程（モノ）の制御と捉えられている。この点をさらに分析的に考察してみよう。

意識が立てた企画を身体が請け負うという，主体に備わる能力が労働力であった。その現れである労働において，意識は，自然過程の終点に位置するモノを追求すべき目的と見定め，その実現に向けて身体を動かす。自然過程の終点に位置するモノが主体にとっての当面の目的であるならば，その始点に位置するモノは手段となる。主体は，目的から逆算して手段を絞り込み，自然過程の始点を明確にする。

主体は，自然過程の始点を整えてモノどうしの反応を引き起こし，必要に応じて労働を加え，これを制御する。労働が加えられる対象を**労働対象**という。たとえば，ある主体の家の庭に果樹があり，この主体の欲求充足に役立つ適当な果実がなっているとしよう。ただし，この主体の欲求充足にとって，果実は果樹から分離してこの主体の手元になければならないとする。

このとき主体は，果実が果樹になっている状態を始点，果実が果樹から離れて手元にある状態を終点とする自然過程をモノの反応過程から切り取るだろう。この果実は，時間の経過とともに熟れていき，やがて自ずと果樹から分離する。主体は，その時をじっと待つこともできる。しかし，それでは熟れすぎてしまったり，待っている途中で鳥が啄んだりする不都合があるとすれば，主体は，頃合いを見計らって果樹から果実をもぐという合目的的活動（労働）を行うこともできる。この果実が，労働対象であ

第1章 労 働　71

る。

　ただし労働対象は，常に身体が直接的に作用できる状態で存在しているわけではない。主体の手が届かない位置に果実がなる場合だってある。このとき梯子や踏み台は，主体が果実をもぐための手段になる。労働対象にたいして効果的に労働を加える手段となるモノを**労働手段**という。

　主体は，モノの反応過程を自然過程として切り取り，そこに労働対象を見出す。そして，労働手段を用いて，時間の経過とともに進む自然過程を制御する。自然過程を意図した方向へと導く労働は，適切なタイミングで行われる必要があるため，労働自身も自ずと始点と終点とを有する「過程」となる。自然過程を制御する労働は，**労働過程**として実践されるのである。

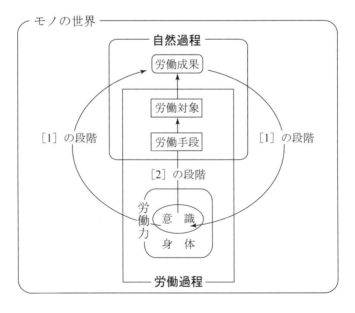

図 2.1.2　自然過程と労働過程

自然過程は，始点（手段）から終点（目的）へと進行する過程
である。ただ，その内部には，さらなる始点と終点からなる下位
の自然過程が切り取られる可能性がある。それに伴って労働過程
も，自然過程の最終点に至るまでの下位の自然過程を逐次に制御
する諸労働の束となる。次節では，この点をもう少し詳しく考察
しよう。

第2節　協業と分業

労働力の結合
　前節では，本節の内容を射程に収め
て，自然過程，主体に備わる労働力
とその現れである労働，そして両者の関係について分析を試み
た。そこでは事実上，単独の主体が取り仕切る労働過程が念頭に
置かれていた。

　しかし，労働過程は，複数の主体によって構成される可能性を
原理的に有する。単独の主体が取り仕切る労働過程も，複数の主
体によって構成される労働過程も，いずれも労働過程のひとつの
あり方である。ただし，後者は前者に還元できない独自の効果を
有する面もあり，その点についてここで考察する。

　複数の主体によって労働過程が構成されるとは要するに，人び
とが一緒になって，または，手分けして「はたらく」という日常
よく知っている事柄である。本節では，この直感的にはよく知っ
ている事柄を，労働力の結合という観点で分析的に捉え返す。次
節では，労働力の結合様式の資本主義的な現れを考察することに
なるが，本節はその準備作業となる。

　労働過程の基本はすでに見たとおりである。ここでは，そこに
主体の複数性という要因が加わる。この点を明確にするために，
労働力の構造をもう一度思い出しておこう。労働力とは，合目的

第1章　労　働　　73

的活動(労働)として現れる主体に備わる能力であり,その仕組みは,「意識」が立てた企画を「身体」が請け負うという図式で捉えることができるものであった.

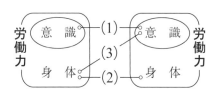

(1):意識面の結合
(2):身体面の結合
(3):ある主体の意識面と別の主体の身体面との結合

図 2.1.3 労働力の結合様式

このように労働力の構造を捉えると,その結合様式としてひとまず次の3パターンが考えられる.二主体(AとB)の場合を例に整理してみると,(1) Aの意識面とBの意識面との結合,(2) Aの身体面とBの身体面との結合,(3) Aの意識面とBの身体面との結合,またはBの意識面とAの身体面との結合となる.

協 業

労働力の結合様式の形式的な組み合わせは図 2.1.3 のようになるとして,それぞれの実質について考えてみよう.

たとえば(3)は,Aの意識面とBの身体面が結合する組み合わせである.「意識」が立てた企画を「身体」が請け負う労働力の構造に照らすならば,(3)は,主体(A)の意識が立てた企画を別の主体(B)の身体が請け負うということを意味する.しか

し，Ｂも一個の労働力として自らの「意識」を有するわけで，これを差し置いてＡの意識がＢの身体に直接指図できるわけではない。もし，(3) のように見えるとしたら，それはＢの意識が，Ａの意識が立てた企画を我が事として引き受けているためであろう。つまり (3) は，(1) が示すＡとＢとの意識面での結合に解消されるのである。

このように考えてみると，図2.1.3の (3) は，(1) の理解をもってすれば足りることが分かる。あとに残る (2) は，主体間の意識面での結合を前提することなく身体面が結合することを示しているが，その意味するところはあとで考えることにして，まず，(1) を分析的に捉えておこう。

労働過程において主体の意識は，追求すべき当面の目的を設定し，そこに至る手段を明確にするのであった。(1) は，そうした「意識」が結合するのだが，それは，言葉や身ぶり，場の雰囲気を読むといったコミュニケーションを通して，追求すべき目的とそこに至る手段とについての合意・共有が，主体間でなされていることを意味する。各労働力の意識面が結合する様式を**協業**とよぶ。

協業の効果

このような意識面での結合は，労働力の構造に照らして，身体面での結合を自動的に生み出す。複数の労働力があたかもひとつの労働力であるかのような一体性が生み出されるのである。この一体化した労働力は，それを構成する個別の労働力の単純な合計に還元できないチームとしての新たな効果を獲得する。これを**集団力**という。

集団力は，(i) 1人では持ち上げられない荷物が5人でなら持ち上げられる，(ii) 列を作って荷物をバケツリレー方式で運ぶ，といった例などに直感的に示される。この場合，(i) にしても

第1章 労働　75

（ii）にしても，たんに頭数だけ揃えてみてもあまり意味はない。何をどのようにしたいのかについて合意・共有する意識面での結合関係に基づいて，各主体はグループ内のメンバーと調子を合わせなければならない。一斉に力を入れることで，1人ではびくともしないような重い荷物が持ち上がるのであり，リズムよく前の人から受け取って後ろの人に渡していくことで，足を止めたままでも大量の荷物が捌けるようになる。

　意識面での結合関係は，（i）や（ii）のようにメンバーが同一の作業内容をこなす**単純協業**においてのみ有効であるわけではない。自動車レースチームのピットクルーは，レース中にピットインしてくる車にたいして，タイヤ交換や燃料補給，壊れた部品の交換等々といったさまざまな処置をチーム一丸となって同時に行う。そこではタイヤ交換を行う者，燃料補給を行う者，等々というように，各メンバーは同時点に異なった作業を行う。こうした**協業に基づく分業**は，この後に考察する「分業」が付け加わる複合概念である。しかし，車を最短でレースに復帰させるという，ピットクルー相互の意識面での結合関係に支えられてさまざまな作業が同時に進められるのだから，これも協業であることに変わりはない。

　いずれにしても協業の要点は，追求すべき目的が何であり，それをいかに実現するかというイメージを，各主体が合意・共有する点にある。この意識面での結合が，個別の労働力を結び付けてあたかも一個の巨大な労働力と化し，たんに頭数を揃えただけの労働力を凌駕する集団力を生み出すのである。

　ここで，視点をチームの内部に転じてみよう。意識面での結合は，協業を構成する個別の労働力にどのような影響を及ぼすのだろうか。

　チームの一体性は，メンバーが同じ目的を追求することに基づ

くのであり，そこから生み出される集団力が，外部の世界に作用するのであった。この意識面での結合は，個々のメンバーにたいして，チームの一員としての連帯感を醸成すると同時に，目的から外れる言動を慎まざるをえないと各人に思わせる名状しがたい圧力にもなる。

　自分の周りにいる主体が同じ目的を追求する「仲間」である以上，目的に到達できないのが自分のせいであると判明することはとりわけ耐え難い。このためチーム内には，目的を凝視する独特の緊張感が漲り，各主体の労働は，周囲に後れを取るまいとする心性に衝き動かされて均される。周囲の「はたらきぶり」を観察するということは，逆に自分の「はたらきぶり」が周囲から観察されるということでもある。目的を共有する各主体が，周囲から取り残されることを厭う心性を**競争心**とよぶ。意識面での結合関係は，チーム内に競争心を行き渡らせ，外部の世界にたいして集団力を発揮する。

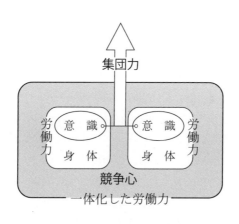

図 2.1.4　集団力と競争心

分　業

図 2.1.3 において未検討のままになっているのは（2）である。（2）は，意識と身体からなる複数の労働力の身体面が結合する労働組織を示している。労働力の結合様式において，主体間の「身体」が結合するというのはどのような状況なのだろう。

図 2.1.3 の（1）と（3）とにおける主体間の身体面の結合は，協業の基本である意識面での結合関係から導かれるものであった。これにたいして（2）は，意識面での結合を前提することなく身体面が結合することを示している。各主体の意識は追求すべき目的を共有してはいないのに，身体面では結合するのである。このような労働力の結合様式の内実とはどのようなものなのだろう。ここまでの考察を総動員して考えてみよう。

前節で分析した労働過程は，自然過程を制御する主体の合目的的活動であった。自然過程は，主体の関心に基づいて切り取られたモノの反応過程であり，主体が当面追求すべき目的は，自然過程の終点に位置するモノとして据えられる。その始点には，目的から逆算した手段としてのモノが位置する。前節の末尾では，こうした始点から終点へと至る自然過程が必ずしも一段階で構成されるとは限らず，その内部にさらに小さな始点と終点との連なりが見出されうること，そして，そうした種々の自然過程を制御する労働過程は諸労働の束になることを指摘した。

図 2.1.5 を用いてこの点を確認しておこう。この図の上方には，ある主体が終点$_0$に位置するモノ（目的）から逆算して切り取った自然過程$_0$が示されている。この場合，主体は，始点$_0$に位置するモノを整えてモノどうしの反応を引き起こし，適切な時機に反応を制御することで終点$_0$へと到達する。他方，図の下方には，自然過程$_0$がその内部に区切りをもたないひと続きの「過程」とは限らないということを示している。

78　第2篇　生産論

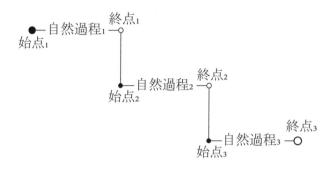

図 2.1.5 自然過程の分割

　たとえば，針金細工を製作するために，主体がさしあたりの目的として追求する終点₀に位置するモノが，〈千本の 10cm のまっすぐな針金〉であるとしよう。そこから逆にたどって行き，終点₀に至るために必要な手段として割り出されたモノが，〈巻き取られた針金，定規，ペン，ニッパー〉であるとする。このとき，終点₀へと至る条件は整えられているのだから，あとは主体が，これらモノどうしの反応を適切に制御すれば目的へと到達できるはずである。ただし，これらのモノは，自然過程₀のなかで常に同時に作用しあうわけではない。

　上記のモノのセットから所望の針金へと到達する経路はいくつかありうるが，たとえば，(1) 巻き取られた針金をまっすぐに伸ばす，(2) 定規とペンを使って針金に 10cm 間隔の目印をつける，(3) 目印のついた箇所をニッパーで切断する，といった 3 つの工程があるとしよう。それぞれの工程は，自然過程₀を構成する部

第 1 章 労 働　79

分であると同時に，それ自体もひとつの自然過程である。(1) の工程は，始点$_1$に〈巻き取られた針金〉，終点$_1$に〈まっすぐに伸ばされた針金〉が位置する自然過程$_1$であり，(2) の工程は，始点$_2$に〈まっすぐに伸ばされた針金，定規，ペン〉，終点$_2$に〈10cm間隔に印をつけられたまっすぐな針金〉が位置する自然過程$_2$である。そして (3) の工程は，始点$_3$に〈10cm間隔に印をつけられたまっすぐな針金，ニッパー〉，終点$_3$に〈10cmのまっすぐな針金〉が位置する自然過程$_3$である。

自然過程$_0$の内部に見出される下位の自然過程$_{1\sim3}$は，それぞれ相対的に独立しており，それ自体として完結した性格をもつ。ただし，終点$_1$を始点$_2$へ接続し，終点$_2$を始点$_3$へと接続することで，結果的に〈10cmのまっすぐな針金〉が主体の眼前に出現する。終点$_0$に位置する〈千本の10cmのまっすぐな針金〉には，自然過程$_{1\sim3}$の制御を千回繰り返せば到達できる。この一連の制御は，同一主体が取り仕切ってもよい。

他方，自然過程$_{1\sim3}$の各過程の制御は，それぞれ別の主体が担当してもかまわない。目的となるモノが，終点$_1$／終点$_2$／終点$_3$において確実に存在するのであれば，各過程を誰が制御しても〈10cmのまっすぐな針金〉には到達できるからである。そのさい，各過程を制御する主体は，前後に位置する他の自然過程のことを考える必要はなく，自分の担当に集中するだけでよい。自然過程$_1$の制御を担当する主体$_1$は，自然過程$_2$がどのようなものなのか，また，そもそも自分が制御を担当する自然過程$_1$の終点$_1$（＝労働成果$_1$）が何に使われるのかを知らなくともよい。主体$_1$は，〈まっすぐに伸ばされた針金〉という労働成果$_1$を，自然過程$_2$を制御する主体$_2$にバトンタッチするだけである。同様に，主体$_2$は，〈10cm間隔に印をつけられたまっすぐな針金〉という労働成果$_2$を，自然過程$_3$を制御する主体$_3$にバトンタッチする。

そして，主体$_3$が適切に自然過程$_3$を制御すれば，〈10cmのまっすぐな針金〉は出現する。

このとき，各自然過程の制御を担当する主体$_{1\sim3}$の間に，意識面での結合関係が築かれている必要は必ずしもない。主体$_{1\sim3}$の「意識」は，自分が担当する自然過程$_x$の終点$_x$に位置するモノをそれぞれ目的と見据え，「身体」を介して自然過程$_x$を制御し，終点$_x$（＝労働成果$_x$）へと至る。こうした労働成果が次の自然過程$_y$の始点$_y$に引き継がれることで，各自然過程の制御を実際に取り仕切る各主体の身体面は，労働成果を通して連結される。主体間の意識面での結合関係を前提とせず，労働成果を媒介として諸労働力の身体面が連結する労働力の結合様式を**分業**とよぶ。

作業場内分業と
社会的分業

ここで一点，「分業」の種差について整理しておこう。労働成果を媒介に諸労働力の身体面が連結するという分業の基本規定は共有しつつ，それを管理・統合する主体の観点から眺めると，「分業」は二つに大別される。

一つ目は，単一の主体によって管理・統合されている「分業」であり，これを**作業場内分業**という。ここにいう「管理・統合」とは，分節化された各自然過程の「制御」のことを意味するのではない。そうした「制御」に先立って，上位に位置する自然過程を適切に分節化するという意味での「管理」であり，分節化した下位の自然過程を目的に向けて合理的に配置するという意味での「統合」である。仮に，複数の「作業場」が空間的に隔たっているとしても，そうした管理・統合が単一の主体によって担われている場合には，作業場内分業のうちに含まれる。本章で考察対象とする「分業」は，この作業場内分業である。

二つ目は，複数の管理・統合主体によって構成される「分業」

第1章 労働　81

であり，これを**社会的分業**という。たとえば，複数の作業場内分業があるとして，各「作業場」の労働成果が，別の「作業場」にバトンタッチされる状況をイメージすればよい。このとき，各「作業場」内の管理・統合主体は単一であるのにたいして，そうした連なりの全体を管理・統合する単一の主体は存在しない。このため，社会的分業が維持されるためには，各「作業場」の労働成果のやり取りを調整する仕組みが必要になる。第1篇で考察した市場は，そうした調整を事後的に行う典型的な仕組みである。第3篇では，市場の立体的なつながりを階層化する作業に着手することになるが，まずは作業場内分業の場に戻って，そこに生じる効果について考えてみよう。

分業の効果

協業とは異なる労働力の結合様式として分業が考えられるわけだが，そこにはどのような効果が認められるのだろうか。先に見た協業には，意識面での結合関係がチーム内に「競争心」を浸透させ，外部の世界にたいして「集団力」を発揮するという効果を考えることができた。このような協業に比肩する効果が分業にもあるのだろうか。

あらためて，〈労働成果を媒介とした諸労働力の身体面の連結〉という分業の意味するところを考えてみよう。分業の基本は，自然過程が始点と終点とを有する「過程」であり，さらにそれが分割可能性をもつという点にある。そもそも，複雑なモノの反応過程を自然過程$_0$として認識し，それが下位の自然過程$_{1\sim3}$に分割できるからこそ，そこに分業を導入する余地も生じる。先に指摘した通り，分割された下位の自然過程は，同一主体が諸労働を行うかたちで制御することもできるし，複数の主体が分業のかたちで制御することもできる。通常，分業を導入すると単位時間当た

り作業量が増大するといわれるが，まず，モノの複雑な反応過程を自然過程として認識することが労働にもたらす基本効果を吟味しておく必要がある。

　自然過程は，主体の関心に基づいて切り取られているとはいえ，突き詰めればモノどうしの反応過程である。主体は，モノとモノとの反応を意図する方向に導くために，自然過程に介入するのであった。そのさい，始点から終点へと至る「過程」として自然過程を認識することは，労働にたいして以下の効果をもたらす契機となる。

　主体は，自然過程の終点に目的として設定したモノを首尾よく出現させるために労働を行う。自然過程は，始点に位置するモノを揃えておきさえすれば，あとはモノどうしが勝手に反応して終点に至るという関係にはひとまずない。主体は，モノどうしが終点に向かって円滑に反応するように，適切な時機を見計らって攪乱要因を除去し，促進要因を整備・追加する。

　そのさいに，始点から終点に至る「過程」として自然過程が認識されていることは，主体がどのタイミングでモノどうしの反応に介入すればよいかを知る手掛かりとなる。介入のタイミングを外せば，モノどうしの反応は思い描く終点から逸れていき，絶妙のタイミングで介入すれば，反応は自然過程の終点を目指して進む。そうした介入を繰り返すことで，主体が最適なタイミングを会得するとともに単位時間当たり作業量が増し，自然過程が安定的に進行するようになることがある。これは，自然過程の制御に関して，主体の**技能（スキル）**が高まった結果である。「過程」としての自然過程の認識は，主体がその制御に習熟する基礎となる。モノの反応過程を自然過程として切り取ること自体のうちに，主体がその制御に慣れていく可能性を見出せるのである。モノの反応過程を自然過程として認識することは，労働に**習熟効果**

をもたらす。

　他方，自然過程にたいして労働が特定のタイミングで必要になるということは，それ以外の制御は必要ないということである。その意味で自然過程は，主体による制御とは独立に，モノどうしがそれぞれの自然的属性に基づいて自動的に反応を進める側面をもつ。とはいえ，図 2.1.6 が示すように，自然過程の自動性に委ねるだけでは，主体の意図する方向へ反応が進まない場合もある。主体の技能を介した制御は，そのひとつの対処法である。

　とはいえ，自然過程の制御方法は，主体の技能だけによるとは限らない。自然過程の安定的な進行にたいする攪乱要因の除去，そして，促進要因の整理・追加は，主体が労働過程として引き受けることもできるが，そうした諸要因の管理は，モノどうしの反応に置換できる可能性もある。図 2.1.6 は，労働過程による矯正が織り込まれた自然過程だが，肝要なのは設定した「終点」に到達することである。

　モノの反応過程をよく観察し分析することで，同じ「終点」にたどりつく別の経路からなる自然過程を見出せる場合もある。そして，その進行に労働を必要としない場合，始点から終点へと至るモノどうしの反応は自動化する。これは，主体の技能による制

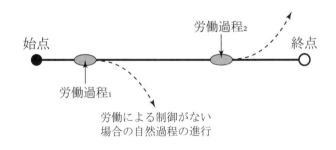

図 2.1.6 自然過程の自動性と労働による制御

御とは対照的な，**技術（テクノロジー）**による制御である。モノの反応過程と，自然過程を制御する労働とに対する洞察が極限まで深まれば，自然過程の**完全自動化（完全オートメーション）**が実現するのかどうか，SF（サイエンス・フィクション）として片付けることのできない時代を我々は生きている。

　では，技術によって自然過程が制御できるのはなぜか。それは，自然過程が分割可能性をもつためである。労働過程をそのうちに含む自然過程$_0$を，技術に基づいて多段階の自然過程に分解・結合することで，自然過程$_0$と同じ「終点」に至る自然過程を編成しうるからである。自然過程が有する自動性が極限まで拡大されれば，始点から終点に向かうモノどうしの反応は完全に自動化する。自然過程の分割可能性は，技能による制御を技術による制御へと置き換える**自動化効果**をもたらす。

　つまり，主体がモノの反応過程を自然過程として切り取ること自体のうちに，労働にたいする習熟効果と自動化効果とを見出せるということである。こうした基本効果は，同一主体が一連のさまざまな自然過程の制御を兼務する場合にも生じうる。もちろん，自然過程を細分化し，各過程の制御を専属の主体に割り当てた方が習熟効果は大きくなるかもしれない。また，分業を導入している方が，労働過程の自然過程化（自動化）に取り組みやすくなる面はあるかもしれない。しかし，それらはいずれも程度問題である。

　序論でふれた，本書の源流のひとつに位置するスミスの『国富論』は，「分業について」という論点から説き起こし，留め針製造を例に，単位時間当たり産出量の驚異的な増大効果を指摘する。スミスによれば，分業の導入は，（1）労働内容が単純化して習熟効果を増す，（2）同一主体がさまざまな自然過程の制御を兼務する場合に生じる，ある労働過程から別の労働過程へと移行す

第1章　労　働　　85

る際にかかる時間を節約する，(3) 単位時間当たり産出量を増大させる機械の発明を促す，のだという。そして，これら (1) ～ (3) のために，同じ人数が労働するとしても，分業を導入していない場合を上回る産出量がもたらされるとスミスは説く。ただ，自然過程が労働にもたらす基本効果（習熟効果と自動化効果）は，分業の有無にかかわらず言えることでもある。なぜ分業の導入は単位時間当たり作業量を増大させるのか。ここではこれ以上深入りしないが，別途分析されてよい課題である。

第3節　資本のもとでの労働過程

前提条件としての
「労働力の商品化」

本章のここまでの考察を通して，労働に関して押さえておくべき基本的な諸論点は取り上げた。それらは，どれか特定の社会においてのみ妥当するのではなく，どのような社会にも通じる基本原理として考察した。つづいて，その資本主義的な現れを考えてみよう。

　資本の運動は，労働にどのようなあり方をもたらすのだろうか。この問題に回答することが本節の課題である。そのためには，これまでの考察をリュックに収めて，第1篇の末尾地点で待つ「資本」と合流する必要がある。第1篇では，まず，商品と貨幣とからなる市場（＝単純な商品流通）を構成してその基本構造を明らかにした（☞ 第1篇第1章・第2章）。そしてそこに，貨幣量の増加とは区別される資本の運動が生じる必然性を見た（☞ 第1篇第3章）。商品の持ち手変換を行う市場は，資本の運動に媒介されて完成する。その現場に立ち会った行程を思い出してほしい。

　資本の側では価値増殖を目指し，売り物である商品を〈安く

買って相場で売る〉ことで利潤を追求する。そのために資本は，売上総額を伸ばす／仕入れ総額を抑える（☞「姿態変換型」），と同時に，流通費用を圧縮する（☞「流通費用圧縮型」），という方法を駆使するのであった。こうした資本の運動のうちに，純粋に「他人のための使用価値」になりきったモノ（＝商品）は見出されるのであり，資本主義的市場は，より豊富化された内容を伴って自分自身の出発点へと戻る完結性を備えていた（☞「市場の完結性」）。

　ただしその完結性は，閉鎖性を意味するのではない。利潤率の最大化を目指す資本の運動は，モノの商品化と費用化とを通して市場を創出する浸透力をもつとともに，売り物である商品を「安く買う」応用として，「安く作る」方式を展開する可能性をもつのでもあった（☞「市場の浸透力（1）・（2）」）。そこが，第1篇「流通論」の終着点であり，労働に関するこれまでの考察との合流地点になる。

　以下，資本のもとでの労働過程のあり方という論点の踏破を目指すが，ここで扱う「労働」は，「個人資本家」の労働に限らない。個人資本家は，資本の所有者であるとともに，その運動も自分で担う特別な資本家であった（☞「資本の運動」）。個人資本家は資本の運動の担い手として，利潤率の最大化という目的を設定し，その実現を意識的に追求する。売上総額を伸ばし，仕入れ総額を抑えるにはどうしたらいいのか，また，効果的に流通費用を圧縮するにはどうしたらいいのか。個人資本家の「意識」は，こうした課題に真摯に向き合うだろう。そして，必ず「儲かる」という確証は得られなくとも，「意識」が出した回答に賭け，「身体」を動かす。こうした個人資本家が行う合目的的活動も，紛うかたなき資本のもとでの労働のあり方である。しかし，これだけで当該論点のすべてをカバーできるわけではない。

第1章　労　働　87

個人資本家の場合であっても，多少なりとも事業規模が大きくなってくれば，商品の仕入，仕入れた商品の訴求，売り値の設定，在庫・配送管理，会計処理といった種々の作業を一人で切り盛りすることは大変になる。まして売り物を「安く作る」方式まで採用している場合にはなおさらである。そのようなとき，資本の運動を担う「働き手」がいれば，資本家はその主体に運動の一部または全部を任せることにやぶさかではないだろう。資本の所有者としては，運動の内容そのものよりも，その結果である利潤や利潤率の方に注意が向くからである。

　資本のもとでの労働のあり方は，このケースまで射程に収めて考察する必要がある。そして，本書で焦点を絞りたいのは，むしろこちらのケースなのである。そのために以下では，資本家ではないけれども資本の運動を担う労働主体の存在を想定する。ただし，そうした主体の存在をただ想定するだけではまだ足りない。

　市場を活気づける資本の運動にはいくつかの変種があり得るが，その内実を突き詰めれば，売り物となるタネを買ってきて商品に仕立てて売るということに尽きる。このように運動する「資本」と「労働」との接点を探ろうとすれば，まずもって「労働」が，資本の運動によって扱えるかたちに，つまり「商品」になっている必要がある。労働とは，目的を設定してその実現を意識的に追求する合目的的活動である。そしてそれは，主体に備わる労働力の発露であった。このため，労働力が商品として売買対象になっていれば，資本はそれを買い，その発露である労働を自己の運動に取り込めることになる。要するに，本節の考察を成立させる装備として一点，**労働力の商品化**という条件を追加するということである。

　もちろん，労働力が商品として売買対象になるという状況は，モノと主体との関係から説き始めた第1篇，また，同様の出発点

88　第2篇　生産論

から始めた第2篇のこれまでの考察をたどっても，論理必然的に導けるわけではない。その意味で，労働力の商品化という条件は，外的な条件である。しかし，ここにいう「外的」とは，資本主義にとって些末であることを意味しない。詳しくは次章，次々章で扱うが，ひとたびこの条件が広範に行き渡ると，資本主義に内蔵された論理は，この条件を再現することになる。労働力の商品化という条件は，「外的」ではあるが，資本主義の成立を規定する基本条件である。

とはいえ，自己に備わる労働力が自分にとっては役に立たず，「他人のための使用価値」をもつモノとして売り出されるというのは，たしかに特殊な歴史状況ではある。その原理的な意味については，しばらくあとに現地（☞ 第3章「蓄積」）で見分することにしよう。ここでは，労働力の商品化をひとまず前提して，資本のもとで労働過程がどのようなあり方をするのか，という問題を考える。

資本のもとでの
労働過程の基本型

さて，労働力が商品として取引対象になると，資本は，売買を通して労働過程を自己のうちに直接的に取り込めるようになる。そのさいに，資本は，一人分の労働力だけ買うこともできるが，複数の労働力を買い集めることもできる。資本は，買ってきた労働力に労働手段と労働対象とを使用させ，自己の運動を担わせる。ただし，利潤率の最大化という目的にたいして，労働力の売り手が自ずから最適な労働を行うとは限らない。このため，買ってきた労働力にたいして，資本家もしくはその代理人による指揮監督のための労働が必要になる。つまり，仮に資本が一人分の労働力を買ってくるとしても，資本のもとでの労働過程は，指揮監督される側の「意識」が，指揮監督す

第1章 労 働 89

る側の「意識」に結合するかたちになる。

　この点は，複数の労働力が買い集められても変わらない。ただし，その場合にはさらに，労働力の売り手が相互に資本の運動の具体的内容を了解し，それに沿うかたちで各自の労働力を発現させなければならないという問題が加わる。いずれにしても，労働力が意識面で結合する必要があるわけだが，このような労働力の結合様式を「協業」とよんだ。労働力を買う資本のもとでの労働過程は，協業が基本となる。

　そのことによって資本は，協業の効果，すなわち集団力と競争心とを利用できるようになる。集団力とは，個別の労働力の単純な合計に還元することのできない，チームに固有の効力であった。また，競争心とは，チームの他のメンバーに後（おく）れまいとする心性であり，そこには各自の労働を均す効果があった。個々の労働力の意識面の結合に成功すれば，資本はこうした効果を手中に収めることができる。

　しかし，労働力という「商品」の売り手にとっての第一義は，自分の売り物がいつ・いくらで売れるのかにある。こうした個別的な関心を持つ各主体の意識は，資本のもとに買い集めさえすれば自動的に結合するというものでは必ずしもない。もちろん，売り手は商品を売るまでがシゴト，買ったモノをうまく使いこなせないのは買い手の責任だ，と売り手が露骨に開き直れば，次回，買い手にそっぽを向かれるのは必定であろう。だからといって，自律的に思考して行動する主体の存在そのものと不可分な労働力は，いったん買い手がつけば，あとは唯々諾々（いいだくだく）とその買い手に従うとは限らない。より有利な条件を提示する買い手が現れれば，商品の売り手としては当然目移りもする。

　買い手側の資本は，こうした労働力の意識面を結合できなければ，協業の効果を利用できない。このため資本は，労働力の買い

方，買ってきた労働力の使い方を工夫する。ただし，その方式は，商品経済的要因以外の外的条件も作用するため，ひとつに絞ることができない。原理的に明言できることは，資本が協業の効果を手中に収めるためには，労働主体の意識面を結合しなければならないということまでである。その実現方式はいくつかあり，原理的にひとつに絞り込めないという分岐構造をなす。次節の「賃金制度」では，この問題を，商品経済的要因に絞って考察する。ここでは，ともかくそうした工夫が功を奏し，資本が，協業の効果を利用できるものとして話を続ける。

　さて，このとき，資本のもとにある労働過程が「単純協業」であるならば，しばらく一服となる。労働内容はさまざまにありうるとしても，複数の労働力が一体化して利潤率の最大化に邁進することになるからである。他方，価値増殖の手段となる自然過程が分節化され，下位の自然過程の制御に異なる主体が割り当てられる場合もある。そのさいには，一連の労働過程には協業のみならず分業も導入されており，「協業に基づく分業」のかたちになる。

　主体は，複雑なモノの反応過程を「自然過程」として認識し，制御する。他方，自然過程は，労働にたいして対極的な二つの基本効果（習熟効果と自動化効果）をもたらすのであった。本書では，これらの基本効果が，「分業」において顕著に現れるという組み立てを事実上行った。資本のもとで労働過程が「協業に基づく分業」として編成される場合，その編成様式は，協業の基盤上にこれら二つの基本効果が両極に位置するかたちで現れることになる。つまり，労働力商品を買う資本のもとでの労働過程は，「協業に基づく分業」が基本となり，その編成様式の両極として，習熟効果に基づく技能（スキル）型と，自動化効果に基づく技術（テクノロジー）型とが考えられるということである。以下，そ

第1章　労　働　　91

れぞれの中身に立ち入ってみよう。

技能（スキル）型

まず，技能型から分析しておこう。その基本は，モノの反応過程を自然過程として認識することが労働にもたらす習熟効果にある。主体は，モノの反応過程を自然過程として切り取ることで，それを制御する手掛かりを得るのであった。自然過程が始点から終点へと至る「過程」であるからこそ，主体はタイミングを見計らってそこに介入し，設定した終点（目的）に向けてモノどうしの反応を導くことができる。習熟効果とは，そうした介入に主体が慣れ，単位時間当たり作業量が増すことを指していた。

先にも指摘した通り，こうした意味での習熟効果は，分節化された自然過程の各制御に異なる主体を割り当てる「分業」だけに生じるわけではない。最終点に向けて，同一主体がさまざまな労働を行う場合にも習熟効果は生じる。

分節化された自然過程の各工程の制御に関して，ある工程の制御に必要な労働内容と，別の工程の制御に必要な労働内容とを比較して，その習得が易しい方を**単純労働**とよび，難しい方を**複雑労働**とよぶ。こうした異種労働の比較基準とは別に，同じ労働内容に対する単位時間当たり作業量について，大きい値の場合を**熟練労働**とよび，小さい値の場合を**不熟練労働**とよぶ。

ここで，ある自然過程を制御する主体の作業量を O と表記することにしよう。この O に関して，自然過程が「各工程」というかたちで分割されており，それらの制御に合計 n 人を割り当てる「分業」が導入されている場合の O を，$nO_{分業}$ と表すことにする。他方，n 人という頭数は同じだが，単独で「各工程」のすべての制御を取り仕切る場合の O を，$O_{単独}$ と表すことにすれば，その合計は $nO_{単独}$ と表せることになる。もっとも $O_{単独}$ について，

92　　第2篇　生産論

厳密には熟練／不熟練の差異もあるはずであり，単純に n 倍するわけにはいかないが，いまその点は度外視する。

　ひとまず以上のように考えてあらためて振り返ると，前節では，$nO_{分業} > nO_{単独}$ が必ず成立するとは限らないと考えたことになる。他方，「協業に基づく分業」については，より確定的なことがいえる。

　n 人が「協業」する場合のチームとしての作業量を $nO_{協業}$ と表わすことにしよう。労働主体間の意識面での結合関係は，チームを構成する個別労働力の単純な合計に還元することのできない集団力を生み出すのであった。そのことを作業量レベルで表せば，$nO_{協業} > nO_{単独}$ となる。そうであるとすれば、n 人の「協業に基づく分業」による作業量（これを $nO_{協業に基づく分業}$ と表す）は，仮に $nO_{分業}$ と $nO_{単独}$ との間に差がない場合でも、協業に由来する $nO_{協業} > nO_{単独}$ の分だけ、必ず $nO_{単独}$ を凌駕する（$nO_{協業に基づく分業} > nO_{単独}$）ことになる。

　つまり，労働力を買ってくる資本のもとでの労働過程は，「協業に基づく分業」を基本編成とすることで，個々の労働主体が単独で行う作業量の合計（$nO_{単独}$）を凌ぐのである。資本のもとでは，ここに，労働力が商品として売買されるという市場的要因が加わることで，技能型に固有の効果が派生する。

　資本のもとでの一連の労働過程に単純／複雑と識別できる異なった労働内容が存在し，同一労働に従事する主体間に熟練／不熟練の格差が見出せるならば，資本の側は，価格差をつけて労働力商品を買うことに一定の根拠を得る。すなわち，相対的に単純な労働内容に従事する労働力は安く買い，複雑な労働内容に従事する労働力は高く買う，そして，不熟練労働を行う労働力は安く買い，熟練労働を行う労働力は高く買うということである。そのことを売り手に納得させようとすれば，資本の側は，さまざまな

労働内容の単純／複雑の差異を明確に洗い出して等級化するとともに、特定の労働内容を遂行する際の熟練／不熟練を識別する基準を設定することになる。その具体的なあり方は、次節「賃金制度」と連動して多様性を示す。

ともあれ、労働力商品に価格差がつくならば、資本の側は「分業」を導入することで労務費を削減できるようになる。もし、一連の労働過程に「分業」を導入せず、同一主体にそのすべてを取り仕切らせようとすれば、資本は、もっとも複雑な労働内容までをこなせる労働力を買い揃えてこなければならない。この点を簡単な例で考えてみよう。

資本のもとに二種類の労働過程が存在し、一方の労働過程では単純労働が、他方の労働過程では複雑労働が行われるものとする。単純労働を行う労働力商品の価格は $\frac{1}{2}p_l$ で、複雑労働を行う労働力商品の価格は p_l であるとしよう。また、資本は 2 人分の労働力商品を買うものとする。

分業が導入されていない場合、資本は、複雑労働をこなせる 2 人分の労働力を $2p_l$ で買ってこなければ一連の労働過程を処理できない。他方、分業が導入されている場合、単純労働を行う労働力を 1 人分買い、複雑労働を行う労働力を 1 人分買ってきてそれぞれの労働過程に専念させれば、労務費を 25% 削減できる。「バベッジの原理」として知られる効果である。技能型のコアをなすのは、「分業」と労働力商品の価格差との複合によって生じるこの効果である。

技術（テクノロジー）型

次いで、他方の極に位置する技術型について考えてみよう。技能型とは対照的に、その基本は、自然過程の分割可能性が労働にもたらす自動化効果にある。労働は、自然過程を制御する

有力な方法のひとつだが，それをモノどうしの反応に置き換えることができれば，自然過程は労働によらなくとも進行するようになる。自然過程はモノの反応過程の一部として，モノが有するそれぞれの自然的属性に基づき自動的に反応を進める側面をもつ。労働による制御は，そうした自然過程の自動性が不完全な状態にあることの現れともいえる。

このため，自然過程のどの部分に労働による制御が必要なのかを特定し，労働過程をモノどうしが反応する多段階の自然過程へと再編できれば，当初の労働過程は消滅する。こうした労働過程の自然過程化が自動化効果の意味することであった。始点から終点へと至る過程に労働による制御を必要とせず，モノどうしが自動的に反応する自然過程を**機械**とよぶ。自動化効果は，労働過程に機械化をもたらす。

とはいえ，自動化効果は労働過程を駆逐する，という命題をここから直ちに導くことはできない。もちろん，当初の労働過程を完全にモノどうしの反応に置き換えることができるのであれば，この命題は真である。しかし，労働過程を多段階の自然過程に分割できたとしても，それらの制御に労働が必要な場合もある。その際には，当初の労働過程とは異なったかたちの労働過程が出現する。そして，下位の自然過程を制御する労働過程が，分割前の労働過程よりも単純になるという関係を想定できるのであれば，自動化効果は労働過程の単純化をもたらす。これが技術型の第1の効果である。

さらに，その周辺の自然過程を制御する労働過程にも自動化効果が及び，一連の自然過程が労働による制御を必要としなくなる場合には，うえに見た〈自動化効果は労働過程を駆逐する〉という命題に帰結する。このとき，分割された各自然過程はモノどうしが自動的に反応する機械と化し，それらは労働の制御によるこ

第1章 労　働　　95

となく連結される。このような機械どうしのつながりを**機械体系**とよぶ。技術型の第2の効果は，機械体系によって一連の自然過程から労働過程を駆逐する脱労働化という点にある。

> ### 技能型と技術型との相補性

以上のように，資本のもとでの「協業に基づく分業」には，技能型と技術型との二つが考えられる。それらはあくまで二極であり，どちらか一方に収斂するという関係にはない。利潤率の最大化を目指す資本にとって，労働過程は，何としてでも維持しなければならない，または逆に，何としてでも機械体系に置き換えなければならない，というものではない。資本が自然過程の制御を技能型で編成するか，それとも技術型で編成するかを選択する基準は，どちらが「安上がり」で済むかという点にある。

たとえば，始点から終点へと至る工程に定型的な制御だけが必要である場合，それらは，労働で制御してもよいし，機械または機械体系で制御してもよい。高価な機械体系を導入するよりも安価な労務費で同じ成果が得られるのであれば，資本は技能型を選択するだろう。

もちろん，一定の技術水準を前提とするときには，価値増殖の手段となる自然過程の性格によって，一方の制御方式しか選択肢がないことはある。自然過程の終点，つまり資本が事業として追求すべき目的ははっきりしているけれども，始点から終点に至る過程の制御が非定型的で，既存の技術水準では制御しきれない場合には，技能型で処理するほかない。過程の制御が非定型的になる理由はいくつか考えられる。たとえば対人サービスのように，労働対象となる人間がそれぞれ異なった個性をもっており，その制御が技術型に馴染みにくいといった場合がある。このことは，

96　　第2篇　生産論

同じ人であっても，気分や体調次第で同じサービスにたいする感じ方が日によって異なるという点に及ぶ。

技術の進歩によって，それらのうちのある部分については定型的な制御が可能となり，しかも「安上がり」に済むようになれば，そうした領域にも技術型が導入される。こうした関係が一般的に想定できるとすれば，技術進歩は当初の技能型の制御を技術型の制御へと置き換えていき，労働過程は機械体系に浸食される。だからといって，結局，資本のもとでの「協業に基づく分業」の行き着く先は技術型なのだ，と早合点してはならない。

複雑なモノの反応過程を主体の「意識」が切り取る自然過程は，その時々の主体の欲求に応じて変化することを思い出す必要がある（☞「労働力」）。既存の自然過程の制御から労働過程が駆逐される傾向を仮に認めるとしても，主体の意識は，新たな自然過程を生み出し続ける。くわえて，資本は，モノの商品化と費用化とを通して市場を創出する浸透力を有するのであった（☞「市場の浸透力 (1)・(2)」）。少なくとも 21 世紀前半の今日において，こうした新領域における自然過程の認識と制御との両方に主体の関与は欠かせない。それさえも自動化できる技術水準に達してしまえば話は別だが，資本のもとでの自然過程の制御方式には技能型と技術型との二極が考えられ，現実はその間に現れるというのがさしあたりの結論となる。

第 4 節　賃金制度

> 労働力の意識面と資本

労働力は，自律的に思考して行動する主体の存在そのものに備わる能力である。資本主義のもとではこの能力が，商品として売買される。労働力商品の売り手として，各主体は有利な条件を提示す

る買い手を求める。商品所有者としてのこうした個別的な関心は，資本のもとで行われる「協業に基づく分業」と必ず衝突するわけではないが，逆に，必ず反りが合うわけでもない。

　資本は，買ってきた労働力に労働手段と労働対象とを使用させて労働過程を編成する。そのさい，資本は，労働力の意識面を結合することで，協業の効果を利用できるようになるのであった。そのためには，個々の労働力の売り手が資本の運動の具体的内容，つまり価値増殖の手段となる事業を了解し，その制御を我が事として引き受けるチームの一員になってくれなければならない。ただし，そうした状態は，労働力を買い集めるだけでもたらされるわけではない。

　労働力の売り手が資本の運動に積極的に関わる状態を作り出すために，資本の側は工夫を凝らす。もちろん，資本は，利潤率の最大化という目的に照らして割に合わないと判断すれば，特定の労働主体を雇い続けることに固執したりはしない。「文句があるなら辞めていただいて一向に構わない，替えはいくらでもいるのだから」とドライに出て，失業の恐怖に訴えかけようとする「工夫」も当然ある。このあたりの現実の態様は，資本と労働力の売り手との間の駆け引き・せめぎ合い，また，それが行われる歴史的・文化的背景，そして後に見る労働市場の構造（第3章「蓄積」）などとの相互作用のうちに，多様に現れるのであり，現実に即した個別的・具体的な考察が要される領域である。つまり，この地点が**開口部〈3〉**となる。

　とはいえ，労働力の買い方を工夫することは，この商品の売り手の「意識」を資本のもとに束ねる有力な手段になる。通常，労働力商品の価格を**賃金（労賃）**というが，資本は，賃金の支払方法にも工夫を凝らす。そうすることで，突き詰めれば「食っていくため」に労働力を売る主体の「意識」を，価値増殖の手段とな

る事業へと向けさせ，能動的かつ主体的な関与を引き出そうとする。賃金の支払方法に関する工夫の束を**賃金制度**とよぶ。賃金制度はさまざまなかたちを取りうるが，ここでは，さしあたり支払単位のみを取り上げる。

まず，賃金の支払単位について，労働時間を単位として支払われる賃金を**時間賃金**という。時給何円とか，日給何円といった，単位時間当たりの賃金額を**賃金率**という。自己の運動に取り込んださまざまな労働内容の単純／複雑を洗い出して等級化し，異なった賃金率を設定することで，また，同じ労働内容についての熟練／不熟練にたいして異なった賃金率を設定することで，資本は，「バベッジの原理」による労務費の削減効果を手中に収める。と同時に，賃金率のこうした格差は，資本のもとに買い集められる労働力の間に「競争心」を行き渡らせるきっかけとなる。

競争心とは，追求すべき目的を共有する主体間に生じる，周囲から取り残されることを厭う心性であった。賃金率に格差が設けられることで，労働者は自らの労働力にたいする貨幣評価を意識せざるを得なくなる。職場での自分の「価値」が，賃金率で示されるのである。これは一種のイデオロギーだが，賃金率の格差にそのような効果があることは実際問題無視できない。

そのため労働力の売り手は，協業の中で，より高い等級の賃金率の適用を目指して技能を磨くよう競い合うことになる。いつまでたってもシゴトに馴染めず，モタモタしていると，その不熟練労働は低い賃金率として可視化される。またこうした心性は，複雑労働の習得を労働者側に促すのにも利用される。より複雑な労働内容をこなせるようになり，賃金等級の階梯を登ることが，自分への「投資」として意識されるのである。ただし，この慣用表

第1章 労働　99

現は完全に比喩的な意味でしかない。資本の投下と異なり，労働力商品の売買には，利潤率のような厳密な計算フレームワークを適用できない。そのため，労働者にとっては，より高い貨幣評価を得ることがしばしば自己目的化されることにもなる。

　時間賃金とは別に，労働成果に単価を設定し，これを支払単位とする賃金を**出来高賃金**ないし**個数賃金**という。時間賃金の場合，賃金率を一定とすれば，賃金額は労働時間に比例する。他方，出来高賃金の場合には，賃金額は労働成果を何単位生み出したかによって決まる。ここでも，各労働過程の労働成果に異なった単価を設定することで，労働力商品の売り手に商品経済的な刺激を与えることは可能である。しかし，純粋な出来高賃金は，資本が価値増殖の一環として編成する「協業に基づく分業」に抵触する可能性もある。

　たとえば，(1) ある労働過程を「協業」のかたちで行わざるをえない場合，その成果はチームの「集団力」に帰属するのであり，それを個々のメンバーの出来高として換算する客観的な基準がない。もっとも，出来高をチームの成果として扱い，個々のメンバーの貢献度を平等とみなすといった工夫は可能であろう。そうした操作を通して，「数をこなすほど稼げる」という状況が整えば，その作業を担当するチームの出来高は増える可能性がある。

　しかし，(2) 労働成果をバトンタッチする「分業」のなかで，ある労働過程の出来高が増えるには，その前提として，先行の労働過程の出来高も増えていなければならない。資本のもとでの「協業に基づく分業」において，出来高賃金が機能する条件は別途分析されてよい。

　ともあれ，このように賃金の支払単位に注目して，時間賃金と出来高賃金（ないし個数賃金）という**賃金形態**の区分が伝統的に

行われてきた。労働力商品の売り手に商品経済的な刺激を与えれば意識面での結合状態を作り出すことができる，というほど労働主体の「意識」のつくりは簡単ではないだろうが，そのひとつの手段として，賃金形態が活用されるのである。

第2章 生　　産

第1節　社会的再生産

> 生産過程は，その社会的形態がどのようであるかにかかわりなく，連続的でなければならない。言い換えれば，周期的に絶えず繰り返し同じ諸段階を通らなければならない。社会は，消費をやめることができないように，生産をやめることもできない。それゆえ，どの社会的生産過程も，それをひとつの恒常的な関連のなかで，またその更新の不断の流れのなかで見るならば，同時に再生産過程なのである。　　『資本論』第1巻第21章

　本書では，労働と生産を区別し，まず労働の方から説明をしてみた。そこでは，労働と生産を区別するために，モノの増大を生産，減少を消費というように，ごく簡単に定義した。これは簡単だが，厳密な定義である。本章では，この定義にしたがったうえで，生産の領域の基本的構造をもっと詳しくみていく。

再生産の基本構造

　ある自然過程が生産的かどうか判別するには，産出から投入を引き算することができなければならないが，これは自明ではない。世の中にはさまざまな種類の生産物があり，それらはそのままでは足し引きできないからである。

　仮に，小麦 100kg を材料にしてパン 150kg ができたとして，これを手放しに生産だということはできない。パンと小麦は，別種の生産物である以上，たとえ同じ kg という単位で量られていて

も，その量を直接比較するのはご法度である。経済学で問題にすべきなのは，使用価値を有したモノの増大であって，使用価値を無視して合算した，トータルの重量の増大ではない。

　そのため，たとえば小麦が生産される過程を最も簡単に例示しようと思えば，以前［数値例（1）］として示した，投入も同種のモノ，すなわち小麦とする必要がある。

［数値例（1）］
小麦 60kg → 小麦 100kg

　この投入される小麦 60kg は，時間の流れの中で見れば，当然産出である小麦 100kg に先立って存在していなければならない。ただ，小麦を 60kg まけば，ほぼ確実に小麦 100kg が得られるという関係があるとき，主体はそれを繰り返される過程として認識するようになる。その場合には，小麦 100kg という産出の中から，小麦 60kg を拠出することで，この自然過程が循環することになる。このように，生産過程を，産出から投入に回す過程として捉え直したものを，**再生産**という。

　生産過程がモノの増大として定義される限り，産出と投入を量的に比較することができ，産出から投入を引いた残りはプラスになる。したがって，必ず産出から投入に回すことができるし，そうしなければ生産過程は継続できない。その限りで，すべての生産は再生産であると言ってよい。

　投入されるモノを，生産のための手段と見て，**生産手段**とよび，そうして生産された産出のことを**粗生産物**という。粗生産物から生産手段の総量を引いたものを，**純生産物**とよぶ。うえの例では，小麦 60kg が生産手段，小麦 100kg が粗生産物であり，それらの差の小麦 40kg が純生産物である。

第2章　生　産　　103

なお，ここから先，いくつかの数値例を扱うが，これは生産に
まつわるさまざまなテーマをきっちり定義し，理解するために設
定する理論モデル例である。小麦や鉄の現実の生産過程を示した
具体例ではないので，注意してほしい。

「社会的」の意味

　　　　　　　　　　　　　［数値例 (1)］では，再生産を簡単
に解説するために単一の生産物のみ
に絞ったが，次にはこれを複数種類の生産物の生産過程に拡張し
ていかなければならない。社会にはいろいろな種類の生産物があ
る。このとき，それらの生産過程をただ並べても，社会を表した
ことにならない。たとえば次のように，小麦の生産過程に，鉄の
生産過程を単純に並記しても，考察が深まっているとは言えない。

［数値例 (2)］
　小麦 60kg → 小麦 100kg
　　鉄　5kg →　　鉄　10kg

　この［数値例 (2)］が社会をなしていないのは，小麦の生産と
鉄の生産は，互いに独立しており，各生産過程内で完結してし
まっているからである。小麦だけからなる世界に，鉄だけからな
る世界が無関係に置かれているだけである。
　生産の領域で言われる社会という概念は，もっと厳密に定義で
きる。ある生産物が，生産手段に自身とは別種の生産物を必要と
するとき，その過程は社会的であるという。社会的な自然過程
を，小麦と鉄を用いて表すとすれば，たとえば次のようになる。

　小麦 56kg ＋ 鉄 1kg → 小麦 100kg

104　　第2篇　生産論

この過程は，単体では生産的かどうか判別できない。小麦は確実に増大していると言えるが，鉄という生産手段を，小麦だけからなる粗生産物から引き去ることができないからである。したがって，鉄の生産過程を別途合わせて設定してやる必要がある。

［数値例（3）］

小麦 56kg ＋鉄 1kg → 小麦 100kg

鉄 5kg → 鉄 10kg

この［数値例（3）］の2つの過程を合わせてみると，粗生産物は小麦 100kg と鉄 10kg であり，生産手段は小麦 56kg と鉄 6kg なので，結果として小麦 44kg と鉄 4kg とが純生産されている。こうしてはじめて，小麦が生み出される過程が，生産過程だということが分かる。このように，生産物と別種のモノが投入されており，それらの生産手段の生産過程をすべて考慮した結果，全体として純生産がなされている生産過程のことを，**社会的生産**とよぶ。すべての生産は再生産として捉えられるので，社会的生産は同時に**社会的再生産**である。

［数値例（3）］では，小麦は社会的に生産されているが，鉄の生産過程は鉄だけで成り立っているので，社会的ではない。この鉄とは逆に，生産手段として別種の生産物を要するが，そうしてできた生産物が他の生産物の生産には不要なとき，その生産物のことを**奢侈品**という。［数値例（3）］では，小麦が奢侈品になっている。鉄の生産過程から見れば，小麦はなくても済むからである。

小麦が奢侈品というのは不自然だし，これでは鉄が社会的に生産されているとは言えない。小麦も鉄も社会的に生産されているためには，次頁の例のように，鉄の生産過程にも小麦が必要であり，小麦も鉄も奢侈品ではない状態を考えなければならない。

第2章 生産 105

［数値例（4）］

小麦 56kg ＋ 鉄 1kg → 小麦 100kg

小麦 8kg ＋ 鉄 3kg → 鉄 10kg

このときには，粗生産物は小麦 100kg と鉄 10kg，生産手段は小麦 64kg と鉄 4kg なので，純生産物は小麦 36kg と鉄 6kg である。複数種類の生産物の社会的再生産は，このようにして例示できる。以下で考察するのは，このように複数の生産過程が相互に依存した構造を中心とした社会的再生産であり，［数値例（3）］の中の鉄のように，単独で再生産を完結させており，かつ他の生産物の生産手段になるような生産物や，奢侈品はないものとする。

労 働 量

社会的再生産の基本構造は，以上のようにモノの世界だけで説明できる。次篇で見るように，このことが，価格の基準を説明する客観的な基礎になる。しかしだからといって，このモノの世界は，人間の合目的的活動，すなわち労働の関わりなしに成立するというわけではない。人間の労働だけでモノができるというと言い過ぎになるが，社会におけるモノの生産は，人間が労働することで成り立っている。

労働の基本的な考察はすでに前章で行ったが，それを自然過程の側に焦点を当ててもう一度考えてみよう。人間が合目的的に自然過程をコントロールすることで，自然の反応過程はある程度予測可能になる。人間の労働が加えられることで，自然過程の投入と産出には，投入が倍になれば産出も倍になるような，比例的関係が構築される。このように，投入量と産出量とが比例して連動する自然過程には，**技術的確定性**があると言える。

ただし，どんな自然過程でも，人間の思うままにこのような技術的確定性を確立できるわけではない。技術的に確定的な過程になるかどうかは，基本的に自然の側にかかっている。そのため，自然過程に技術的確定性があるときには，そこで要される労働も，生産手段や生産物と同様に，量的にカウントされる。このとき労働の量は，時間で計測する。

しかし，労働量を量ると言っても，どこからどこまでを量ったらよいのだろう。人間の合目的的活動は，環境としての自然のうちに分かち難く混ざり合っている。技術的に確定的な自然過程を切り出すときには，その自然過程を駆動させる人間の目的にしたがって，労働も期間を区切って切り取られ，そこに費やされている労働時間が，その技術を使うのに要される労働量だと認識される。

そのため，たとえば一口に小麦を生産する農耕労働といっても，種をまいたり，雑草を刈り取ったり，水をやったりといったように，種々雑多の労働から成り立っているが，それらは小麦の生産技術の一環として足し合わされる。このように，異種労働の合算可能性は，自然過程の技術的確定性を基礎にしている。

［数値例 (4)］の小麦の生産過程と鉄の生産過程とが，ともに労働を加えられ，技術的確定性のある過程になっているとしよう。すると，たとえば以下のように，それぞれ労働が行われていると考えることができる。

［数値例 (5)］
小麦 56kg ＋ 鉄 1kg ＋ 農耕労働 10 時間 → 小麦 100kg
小麦 8kg ＋ 鉄 3kg ＋ 製鉄労働 30 時間 → 鉄 10kg

このとき，小麦生産と鉄生産の両方の過程に技術的確定性があ

第2章 生産 107

る限り，農耕労働と製鉄労働は，見た目は全く違う労働でも，先に見た異種労働の合算可能性の条件を満たしている。したがって，この社会的再生産には，人間の労働が合計40時間費やされていると集計してよい。

$\boxed{\text{対象化された労働}}$ 異種労働が合算できるとすると，たとえば小麦を作るのに直接かかっている農耕労働の時間に，小麦の生産手段を作るのにかかっている労働時間を足し合わせるということを考えられるようになる。こうして計算される，ある生産物を生産するのに直接・間接に必要な労働量のことを，**対象化された労働**とよぶ。

［数値例（5）］を使って，対象化された労働を計算してみよう。小麦 1kg と鉄 1kg とに対象化された労働量を，それぞれ t_1，t_2 とおくと，以下のような2元連立1次方程式が立てられる。

$$56t_1 + t_2 + 10 = 100t_1$$
$$8t_1 + 3t_2 + 30 = 10t_2$$

未知数が2つ，方程式が2つなので，解が一意に定まる。この場合は，$t_1 = \dfrac{1}{3}$，$t_2 = \dfrac{14}{3}$ である。

重要なのは，対象化された労働量は，次節でみる純生産物の分配から独立に，生産技術だけで決定できるということである。社会的再生産の純生産物は，さまざまな種類の生産物から成り立っているため，何らかの尺度で集計されなければ，その分配関係を考察することができない。価格は，異なる生産物を集計する尺度になりうるが，次篇で明らかになるように，純生産物の分配の影響を受けてしまう。それにたいして，対象化された労働量は，分配関係から独立なので，価格よりも分配関係の尺度として適当で

ある。

第2節　生活物資と総労働量

生活物資

社会的再生産に労働を組み込んでみた
が，その労働がどこからきたのか，明
示しなかった。労働も，無から湧き出てくるわけではない。社会
的再生産が繰り返される中で，人間がいかに労働し続けることが
可能なのか，考える必要がある。

　人間が労働を続けるには，労働者が生活できていなければなら
ない。生活のうちで，人間は生産物を消費する。労働者が，生活
していくために消費する生産物のことを，**生活物資**という。人間
は，社会的再生産が産出する種々の純生産物のうちから，生活物
資を消費して生を営み，そのうちに労働も行われる。

　生活物資の消費は，前節でみたような，再生産における生産手
段の消費とは全く異なる。同じ生産過程を繰り返そうとした場合
には，その生産過程に技術的確定性がある限り，消費された投入
量と同じだけの量の生産物を，産出からまかなわなければならな
い。生産手段の種類と量は，技術的に確定する。

　それにたいして，人間が生活するのにどれほどの生活物資が必
要なのかは，このように確定的でない。生活物資の種類と量は，
歴史的にも違っているし，経済状況によっても変動する。そのた
め，生産手段が再生産のうちに**補填**されるのにたいし，生活物資
は**取得**されるものであるというように，両者を呼び分ける。

　これは同時に，労働力に再生産という概念を適用することを不
可能にする。人間は生産物を消費して生活し，労働するが，この
過程をモノの再生産と同一視することはできない。その第一の理
由は，同じく生産物が消費される過程といっても，人間の消費活

第2章　生産　　109

動には，物理的に決まらない部分が多々あるからである。

> 階級関係

このように，生活物資の取得が技術的確定性を帯びないことが，純生産物の分配関係に変動の余地をもたらす。純生産物の分配を決定する仕組みは，その社会の特徴のひとつである。この決定に関わる人びとと，関わることのできない人びととが分かれている社会のことを，**階級社会**といい，その2つの階級の関係を**階級関係**という。

本書が考察の対象にしている資本主義社会においては，労働者は原則として純生産物の分配に関与することができない。資本家は，労働力という商品の買い手である。一般に，購入した商品をどう使うかは，購入者次第である。労働力商品を購入することを**雇用**というが，雇用関係においても，商品売買のルールが基本的には適用される。つまり，資本家は，労働力商品をどう使うかについて，決定権を有するのである。

そのため，純生産物のうちどれだけを労働者の生活物資に回すかは，労働者を雇用している資本家の側に委ねられている。資本主義社会は，労働者階級と資本家階級という，2つの階級を少なくとも有する。

階級関係については，これ以上のことは言えない。資本家階級が純生産物の分配の決定権限を有しているからといって，労働者階級が生存できるギリギリのラインに生活水準が定まるとは，原理的には結論できない。個々の資本家としては，労働者が階級全体として生活を維持できるかどうかには関心がないから，生活物資は生存ライン以下に削られることもあるし，逆のことが起きる場合もある。

かくして，階級関係については，貨幣や賃金制度に見られる開口部と異なり，推論で一意の結論を得られないだけでなく，どの

ような候補が論理的にありうるのかも推測できない。そこでここでは，階級関係を通して何らかの方式で純生産物の分配がなされたと仮定して，考察を続ける。純生産物のうちから生活物資を引き去った残りを，**剰余生産物**という。［数値例（5）］において，合計で 40 時間労働する労働者の生活物資が，たとえば小麦 16kg と鉄 4kg だとすると，次の数値例が書ける。

［数値例（6）］
小麦 56kg ＋ 鉄 1kg ＋ 農耕労働 10 時間 → 小麦 100kg
小麦　8kg ＋ 鉄 3kg ＋ 製鉄労働 30 時間 →　鉄　10kg

小麦 16kg，鉄 4kg ⋯⋯⋯▷ 労働 40 時間

このとき，純生産物は小麦 36kg と鉄 6kg だったので，剰余生産物は小麦 20kg と鉄 2kg になる。労働力には再生産という概念が適用できないので，数値例でも，小麦生産過程や鉄生産過程とは違う矢印を使って表すことにする。

> 総労働量の生活物資
> からの本源的独立性

労働者は，生活物資を手にいれたからといって，労働するとは限らない。人間は，労働力を提供するために生きているわけではない。仕事が生き甲斐の人もいるが，そうではない人もたくさんいる。仕事のために生きている人も，文字通り仕事だけしているわけではないし，そのように仕事に打ち込めるよう，周囲の人に支えられている。生活物資の取得から，労働までの間には，労働者以外の人も含めた，人それぞれの**生活過程**がある。

　この生活過程については，後にもう少しふれることにして，こ

第2章　生産　　111

こではひとまず社会的再生産の全体像を捉えるために，生活物資を手にいれた労働者階級が，労働力を支出するところに焦点を絞ろう。こうして生活過程を括弧に入れたとしても，生活物資の種類と量が決まれば，労働者階級から拠出される総労働量が決まるわけではない。その間には，技術的確定性のあるモノの生産過程には見られない，本源的な独立性がある。これは，生活物資の種類と量を所与としても残る性質であるから，階級関係を介した分配関係の変動可能性とは別の問題であることに注意してほしい。

そしてこれが，労働力を再生産されるモノとはみなせない，第二の理由になる。仮に生活物資を，労働力を維持するための投入とみたとしても，社会的再生産においてなされる総労働量は，生活物資の量からは決まらない。社会でどれくらいの労働がなされなければならないかは，生産技術とその規模で決まる。

仮に労働量の生活物資からの本源的独立性をも捨象して，生活物資が与えられれば，それを消費して労働者階級が供給する労働量も決定できるとしたとしよう。その場合には，そうして決まった労働量と，社会で要される労働量とが一致する保証はない。供給される労働量が，社会的再生産が要する労働量に満たない場合は，その規模では社会的再生産は成り立たない。逆に，供給される労働量が余る場合には，それは雇用されない労働量として労働市場に滞留する。その部分についての分析も，生活過程と合わせて，次章にて行う。

第3節 搾 取

以上で社会的再生産の基本構造の分析は終了である。本章の最後に，対象化された労働の概念を用いて，資本主義社会における，剰余生産物の生産についての特徴をまとめておく。

搾取と搾取率

労働者による生活物資の取得というのは，具体的には，労働者が労働をして得た賃金で生活物資を購入しているということである。［数値例(6)］では，労働者は 40 時間の労働によって稼いだ賃金で，生活物資である小麦 16kg と鉄 4kg を購入して暮らしている。つまり，生活物資の価額は，賃金総額と一致する。

この生活物資の量が労働力を維持するのに十分かどうかは，論理的に確定できないが，ここでは労働力の維持に必要なだけの賃金が支払われているとしよう。ただ，このように生活物資を労働者に分配してもなお，剰余生産物は残る。剰余生産物と生活物資は，それぞれ複数種類の生産物から構成されている。そのため，そのままでは純生産物の分配関係を比率で表すことはできない。

そこで，分配関係を計算するため，生活物資を労働量に換算する。生活物資を労働量を単位にして測ったものを，労働者が労働力を維持するのに必要な労働量という意味で，**必要労働時間**とよぶ。

尺度とする労働量は，本章第 1 節で計算した，対象化された労働である。［数値例 (5)］では，小麦 1kg に対象化された労働量は $\frac{1}{3}$ 時間，鉄 1kg に対象化された労働量は $\frac{14}{3}$ 時間だった。それゆえ，必要労働時間は，

$$16 \times \frac{1}{3} + 4 \times \frac{14}{3} = 24 \,(時間)$$

と計算できる。

必要労働時間は，労働者が行っている労働の時間の総量よりも短い。総労働量は生活物資の量から本源的に独立しており，したがって労働者が供給する総労働量は，必要労働時間に限定されないからである。総労働量と必要労働時間との間の差分を，**剰余労**

第 2 章 生 産　　113

働時間とよぶ。[数値例（6）]では，労働者は全体として 40 時間労働しており，必要労働時間が 24 時間だから，剰余労働時間は 16 時間となる。剰余労働時間は，剰余生産物に対象化された労働量と等しい。

このように，剰余生産物は，労働者に十分な生活物資を分配しないから発生するのではない。賃金は市場で生活物資をまかなえるように支払われていると仮定しても，資本家が取得する剰余労働時間が発生することを，**搾取**といい，必要労働時間にたいする剰余労働時間の割合を，**搾取率**という。今の例では，搾取率は $\frac{16}{24} = \frac{2}{3}$，約 67% である。

搾取という言い方には，倫理的な不公正を糾弾する意図が込められているが，剰余生産物自体は，社会的再生産のアソビの部分でもあるし，資本家だけでなく，ひろく社会的再生産に携わっていない人びとが，生産物を消費するための原資になる部分でもある。この部分がなければ，社会的再生産はカツカツで回り得たとしても，社会は維持できない。

ただ，資本は社会的再生産のエリアに進出することで，この剰余生産物を，価値増殖の社会的基盤として得ることになる。剰余を出すことが搾取だと言われるのは，それが階級関係の問題だからである。資本主義社会においては，価値増殖を唯一の目的とする階級によって，別の階級から剰余労働が引き出されている。

剰余労働のみを搾取というのも，これが理由である。テクニカルには，剰余生産物は，労働量以外を尺度にして測ってもよい。たとえば小麦の量を尺度にとると，小麦が「搾取」されているように見える。しかしこのように，搾取概念を，階級関係から，人間と自然の関係にまで広げるのは，階級間の利害対立問題を不分明にする。

114　第 2 篇　生産論

> 搾取率は，分子である剰余労働
> 時間が伸びるか，分母である必
> 要労働時間が短くなるかのいず

搾取率の増進方法 (1)
総労働時間の延長

れかで上昇する。剰余労働時間は，必要労働時間を所与とすると，総労働時間を延長することで延びる。まずはこの方法について考察してみよう。

　総労働時間の延長は，社会的再生産の規模が拡大することを意味する。極端な例だが，［数値例 (6)］から，小麦生産部門も鉄生産部門も，粗生産物が 2 倍になったとしよう。このとき，各生産部門の投入量も 2 倍になるが，必要労働時間は所与だとすると，労働者の生活物資は不変なまま，労働時間だけが 2 倍になる。したがって，数値例は以下のようになる。

　［数値例 (7)］
　小麦 112kg ＋ 鉄 2kg ＋ 農耕労働 20 時間 → 小麦 200kg
　小麦　16kg ＋ 鉄 6kg ＋ 製鉄労働 60 時間 →　　鉄　20kg

　小麦 16kg, 鉄 4kg …………▷ 労働 80 時間

　このとき生産技術は変わっていないので，小麦および鉄 1kg ずつに対象化されている労働量も不変である。それゆえ，必要労働時間も 24 時間のまま，総労働時間が 80 時間になったので，剰余労働時間は 56 時間である。搾取率は，$\frac{56}{24}=\frac{7}{3}$ であり，約 233% になっている。

　生活物資は増えないのに，労働時間だけが延長できるのは，その間の本源的独立性による。労働時間を延ばすには，1 人当たりの労働時間を延ばすほかにも，社会的再生産に従事する労働者の頭数を増やすという方法がある。

第 2 章　生　産　　115

しかしいずれにしても，労働者階級全体が取得する生活物資の総量が変わらないとすれば，それは時間当たりの賃金が低下しているからである。［数値例 (7)］では，労働時間が 2 倍になったのに，生活物資の量が変わっていないので，時間当たりの賃金，つまり賃金率は半分に低下している。総労働時間の延長による搾取率の増進の場合，賃金率は低下するが，その分の所得の減少が，労働時間の延長によってカバーされるのである。

> ### 搾取率の増進方法 (2)
> ### 労働生産性の上昇

搾取率の分母である必要労働時間を短縮する方法は，さらに 2 通りに分かれる。生活物資自体を削減するか，生活物資に対象化されている労働量を小さくするかのいずれかである。搾取という言葉からしばしば連想されているのは，生活物資が圧縮される事態であり，これは貧困問題として現実にも重大な問題になるが，労働量を用いて分析できる範囲を超えている。ここでは生活物資の種類と量は所与として，生活物資に対象化されている労働量に焦点を当てる。

対象化された労働の量は生産技術で決まるので，それを小さくするには，生産技術を変えるしかない。対象化された労働量が小さくなることを，**労働生産性**の上昇という。たとえば以下のように，鉄の生産部門で，労働時間は変わらずに，［数値例 (6)］と比べて 3 倍の量の生産手段を処理できるようになり，3 倍の生産量が生み出せるようになったとしよう。

［数値例 (8)］

小麦 56kg ＋ 鉄 1kg ＋ 農耕労働 10 時間 → 小麦 100kg

小麦 24kg ＋ 鉄 9kg ＋ 製鉄労働 30 時間 →　鉄　30kg

小麦 16kg,　鉄 4kg …………＞ 労働 40 時間

　このとき, 小麦 1kg に対象化された労働量は $\frac{4}{15}$ 時間, 鉄のそれは $\frac{26}{15}$ 時間になり, いずれも下がっている。鉄だけでなく, 小麦にまで影響が及ぶのは, 小麦の生産手段に鉄が入っているからである。生活物資は相変わらず小麦 16kg と鉄 4kg だが, 対象化された労働量が減少したので, 必要労働時間も減少し,

$$16 \times \frac{4}{15} + 4 \times \frac{26}{15} = \frac{56}{5}（時間）$$

となる。他方, 剰余労働時間は, $40 - \frac{56}{5} = \frac{144}{5}$ 時間である。したがって, 搾取率は $\frac{144}{56} = \frac{18}{7}$,　約 257％ へと上昇する。

　この方法の場合には, 賃金率は実質的には低下せず, 労働者の生活水準は変化しない。ただ, 労働生産性の上昇の果実は, やはりすべて資本家階級が取得している。仮に労働生産性が上昇した結果, 生産物の価格が下がる一方で, 貨幣賃金の総額が変わらなければ, 労働者の取得する生活物資は増大し, 賃金率は実質的に上昇するはずである。しかし, そうはならなかったわけである。

　なおこの方法は, 定義上, 生活物資を構成する種類の生産物についての労働生産性の上昇でしか働かない。それ以外の種類の生産物についての労働生産性の上昇は, 搾取率を変化させない。資本家階級が取得する剰余の根拠は, 労働生産性の高さではなく, 純生産物の分配にあることが, このことによって傍証されている。

第 2 章　生　産　117

第3章 蓄　　積

> この章では，資本の増大が労働者階級の運命に及ぼす影響を取り扱う。この研究での最も重要な要因は資本の構成であり，またそれが蓄積過程の進行途上で受けるいろいろな変化である。
>
> 『資本論』第 1 巻第 23 章第 1 節

第1節　資本蓄積

剰余生産物の処理

労働者が取得する生活物資を社会的再生産によって生じた純生産物から引き去ることで，資本のもとにはある一定の剰余生産物が残る。本章の第 1 の課題は，この剰余生産物が次にどのように処理されるのかを明らかにすることにある。

剰余生産物にたいする処分権をもつ資本家は，第 1 に，これをすべて自身の私的消費に回すことができる。この場合，社会的再生産はそれまでと同じ規模で推移する。こうした社会的再生産は，**単純再生産**とよばれる。また，社会的再生産の規模が現行水準よりも収縮する場合は，**縮小再生産**とよばれる。

もっとも，資本の運動は価値増殖を目的になされているため，資本家が剰余生産物をすべて私的に消費することはない。第 2 に，自由に処分可能な剰余生産物は，社会的再生産に再度追加的に投入することができる。剰余生産物を社会的再生産に資本投下のかたちでフィードバックすることを，**資本主義的蓄積**ないし**資本蓄積**という。資本蓄積へ回される部分の剰余生産物にたいする比率は，**蓄積率**とよばれる。本章では，この蓄積率は 100％と想定する。資本主義的蓄積によって社会的再生産の規模が拡大する

118　　第 2 篇　生産論

場合を，**拡大再生産**という。

資本の原始的蓄積

もっとも，剰余生産物以外の源泉をもってなされる資本投下であっても，蓄積という用語があてられることもある。資本の**原始的蓄積**（原蓄）ないし**本源的蓄積**がそれである。これは，資本主義の発生局面に貨幣的な富の形成と並行して行われた，生産手段を失った大量の賃金労働者の形成，つまり労働力の全面的な商品化を指す用語として使用されている。また同時に，この用語は，市場の拡大から自然に資本主義が発生するものではないこと，資本主義の発生は国家による強制力（ゲバルト）など歴史的な外的条件に依存すること，これらの点を理論的に明示するうえで使用されている。

　ともあれ，このような社会的再生産に依らない，剰余生産物以外に源泉をもつ資本投下は，現実の資本主義のもとではしばしばみられる。資本の原始的蓄積は，したがって，資本主義的蓄積と同様に資本主義を拡大させていく要因として理論的に捉えられる。現実の資本主義は，資本主義的蓄積と原始的蓄積，2つの経路を通じて拡大していくのである。

労働の技術的構成

社会的再生産の規模の変化に基づく上記の3つの再生産のうち，資本主義のもとでは基本的に拡大再生産が進んできた。資本規模が増大することによって，それまでよりも多くの労働者が資本のもとで雇用されることは，直感的にも理解できよう。

　ただし，事はそう単純ではない。資本に雇用される労働者の人数，つまり**雇用量**を考える場合，生産過程に投下された資本1単位当たり，どれだけの労働量を吸収するのかをみる必要がある。

第3章　蓄　積　　119

だが，物量をベースにこれをみることは，多様な種類の生産手段が生産過程に投入されていることからして困難である。ここでは前章でみた，「対象化された労働」の考え方をベースにしよう（108頁）。

　生産手段に対象化された労働量は，**死んだ労働**の量とよばれる。これにたいし，生産手段に直接働きかける労働量は，**生きた労働**の量とよばれる。対象化された労働量は，純生産物の分配関係にかかわりなく独立に，生産技術が与えられていれば決定できる。したがって，社会的再生産全体における，生きた労働の量にたいする死んだ労働の量の比率は，生産技術のみによって決まってくる。この比率を，本書では以下，**労働の技術的構成**とよぶ。

$$労働の技術的構成 = \frac{死んだ労働の量}{生きた労働の量}$$

　従来の研究では，(1) 死んだ労働の量／生きた労働の量，で表される労働の技術的構成と，(2) 剰余労働時間／必要労働時間，で表される搾取率，この2つの合成値は，資本構成という用語をもって定義されてきた。しかし，投下資本量と労働量吸収との関係を考える場合，これら2つは明確に分けて切り出す必要がある。資本構成という概念から，労働の技術的構成という概念を切り出せば，搾取率の変化の影響を除いて，資本による労働量の吸収と排出をより厳密に分析できる。

　もっとも，搾取率が資本による労働量吸収効果に与える影響は，労働の技術的構成に比べて小さい。生産技術には，長期にわたって使用される機械設備などが含まれる。そのストック分は，フローの内訳である剰余労働時間と必要労働時間に比べて大きい。したがって，計算式上は，労働の技術的構成と搾取率が投下資本の労働量吸収効果を決定するものの，この決定におけるコア

要因は労働の技術的構成に求められる。

　労働の技術的構成は技術水準によって決まるので，不変かあるいは技術革新の影響を反映し上昇するかの2つの方向に動く。労働の技術的構成の値が上昇することを，技術水準が高まるという意味で，労働の技術的構成の高度化という。先にみたように，搾取率の変化の影響を括弧に入れると，生産過程に投下された一定量の資本が吸収する労働量は，労働の技術的構成が不変であれば一定で，高度化すれば減少する。

```
労働力の吸収と排出
```
　　　　　　　　　労働の技術的構成の変化は，資本への労働力の吸収と排出という動的変化を社会的再生産にもたらす。労働の技術的構成の高度化が労働力にたいする社会的な需要を減少させる一方，総資本量の拡大のテンポがそれを上回ることになれば，需要される労働力は逆に増大することになる。

　ただし，労働力需要の増大は，雇用量の増大を必ずしも意味しない。総資本量が増大し労働力への需要が増大しても，労働者1人当たり労働時間の延長に起因する総労働時間の増大がその効果を相殺することもありうる（115頁）。繰り返しの資本蓄積を伴う資本主義のもとでの社会的再生産は，労働力の吸収と排出を絶えず生み出すことによって，次節でみるように，労働市場における就業者と失業者の並存を生じさせることになる。

　ところで，労働の技術的構成の高度化とあわせて，しばしば**相対的過剰人口**という概念がもちだされる。これは，ある時点を基準に，労働の技術的構成の高度化によって排出されることになるフローとしての労働人口を指す。もっとも，これは資本蓄積に伴って実際に失業した人口を表すものではない。蓄積によって相対的に過剰になった労働人口は，同時に進行する総資本量の増大

をもってそれに吸収される場合もあるため，実際には排出されないこともある。相対的過剰人口という概念はこのように，資本蓄積に伴う潜在的な労働力の吸収と排出の動態を示すものであると同時に，資本主義のもとでの社会的再生産が労働人口に制約されることなく持続的に拡大できる可能性を示すものとして使用される。

第2節　労働市場

労働市場の多型性

　労働力が商品として売買される市場が**労働市場**である。労働力の吸収と排出を伴う資本蓄積は，社会的再生産における労働市場の機能を前提とする。労働力とはいえ売買される対象が商品である限り，第1篇でみた資本主義的市場に投影される一般商品市場の基本的なメカニズムは，労働市場にも共通する。

　だが他方，労働力はそもそも資本によって生産されることのない，あくまで商品としては外的条件として導入するほかない特殊性をもつことから，それが売買される労働市場もそれ特有の固有性を示す。買い手となる資本側がどのような労働力を要求するかによって，また売り手側もこうした要求にどのように応じるのかによって，労働市場は歴史的にもさまざまに変化し，多型性を有してきた。

　もっとも，ここまでみてきたように，原理論はこうした多様な市場像をひとつひとつ網羅的に説明するものではない。資本主義のもとでの労働市場の基本的なメカニズムを明らかにすると同時に，多型化を生じさせる根因をあぶりだすことが，原理論に要求される，また本章の第2の課題となる。

122　　第2篇　生産論

単発雇用型の労働市場

はじめに，一般商品市場と共通する労働市場のあり方をみていこう。すでにみたように，資本主義のもとでの一般商品市場を構成する基本的な要素は，商品在庫と貨幣の存在であった（44頁）。複数の同種商品が多数の個別資本によって分散的に販売されている市場にあって，貨幣がいつでも何でも購買できる一般的な交換性をもつことは，販売を待つ商品在庫が市場にひろく存在していることに起因する。購買する側の貨幣からみて商品在庫は，同種商品間であれば価格の高低以外に区別をもたない。しかし，同種商品に同一価値量が備わっている以上，売り手としてはすぐに販売できなくとも価格を即座に引き下げる必要はない。相場価格での販売を売り手が維持する限り，したがって，購買は同種商品のなかからある商品をランダムにピックアップするかたちをとることになる。

こうした一般商品市場の基本形は，ひとまず労働市場にもあてはまる。資本蓄積に不可欠な労働力を資本がいつでも購買できるのは，たんに貨幣を保有するからだけでなく，販売を待つ労働力が市場に在庫としてひろく存在するからである。ここで仮になんらかの要因で，購買側の資本の目に在庫として存在する多数の労働力がみな同種の商品と映る状況が現れるならば，一般商品市場と同様，労働力商品の購買も多数の労働力商品のなかからランダムにピックアップされるかたちをとることになる。

労働の技術的構成と資本規模から客観的に決まる雇用人口を N_1，雇用を求める労働人口を N_2 とおくと，N_1/N_2 の確率で労働力は平素，資本によって無作為に購買されることになる。一般商品市場と共通する労働市場は，原理的に抽象すればこのように雇用が日ごと単発的に打ち切られる，いわば単発雇用型の労働市場である。ここでは日々，$N_2 - N_1$ の失業が発生するが，次に仕事

第3章 蓄積　123

にあぶれるのが誰かは，雇用がランダムである以上特定できない。今日は仕事にありつけど，明日は我が身が常態となる。

継続雇用型の労働市場

もっとも，原理的に考えられる労働市場は，単発雇用型に解消されるわけではない。この対極には，日をまたいで継続的に雇用され続ける常備労働者と，日をまたいで仕事にあぶれ続ける持続的失業者が並存する，いわば継続雇用型ないし継続失業型の労働市場もまた原理的に導出される。ここで現れる失業者は，仕事にありつけないという点で単発雇用型における失業者と共通するが，その状態が持続する，つまりストックとして捉えられる点をもって明確に区別し，**産業予備軍**という概念をあてる。単発雇用型の失業者群は以下，失業人口とよぶ。

雇用と失業が継続する労働市場が資本主義のもとで誘発される第1の契機は，資本主義的な労働編成の原理に認められる。すでにみたように，資本によって編成される労働過程の基盤は，なによりも協業にあった（74頁）。この原理は，集団の内部において生じる競争心をもって，外部の対象にたいし個々の労働力の単なる集合には還元できない集団力を発揮することにある。ただし，集団力を発揮するには，労働過程を指揮監督する主体の意識を含む，労働主体間の相互的なコミュニケーションを通じた目的や手段についての合意・共有，すなわち意識の結合が基礎となる。こうした資本主義的労働編成の内部における主体間の意識と意識の結合関係は，労働者を日々入れ替えるかたちでは容易に維持されるものではない。継続雇用型の労働市場の存立基盤は，ひとつはこの点にある。

第2の契機は，労働者の技能（スキル）にかかわる。資本主義的労働編成において労働者に求められる技能は，誰にも模倣でき

ないような職人的な技能ではない。協業の内部において一人だけが突出した技能を発揮しても，それがより強固な集団力に結実するわけでは必ずしもない。また，協業に基づく分業にあっても，熟達した技能をもつ一人の労働成果が他の労働者の労働成果と整合することがなければ元も子もない。労働者に必要なのは，資本による労働編成の枠内で一般的にだされる要求に支障なく応じることのできる，標準化ないし規格化された技能である。

労働市場における売買の対象が，一般的にこうした技能を前提とする労働力であるならば，労働者としても資本の要求する標準ないし規格を身につけて労働市場にのぞむ必要がある。労働者が競争的な労働市場において，資本から要求される標準化ないし規格化された技能を身につけることを，労働の**型づけ**とよぶ。ここでの型とは，個々の職種ごとに必要となる特定のスキルを意味する。労働者は，一般的な要求には何でも応えることのできる労働力に，こうした特定の型を巻き付けて労働市場に立つのである。

労働市場における型づけの必要は，多数の労働力の商品としての異種性を図らずも浮き彫りにさせ，ここに日々ランダムに雇用される単発雇用型と継続雇用型との位相が際立つことになる。産業予備軍は，労働市場における在庫として，資本蓄積による吸収と排出の変動を受け止めるだけでなく，失業者が労働力の販売に打って出る際の型づけの場として，持続的失業の一塊を労働市場においてかたちづくっているのである。

以上のように，協業を基盤とする資本主義的な労働編成のあり方は労働市場の変容を促す。単発雇用型と継続雇用型は原理的に導出可能な労働市場の2つの極であり，制度や慣行など歴史的な条件が挿入されることによって，極と極の間には無数の像が現実には結ばれる。これは労働市場において原理的に特定される**開口部**〈**4**〉となる。

第3章 蓄 積　　125

労働市場の周縁

単発雇用型であれ継続雇用型であれ，労働市場は，資本に雇用される雇用人口 N_1，産業予備軍ないし失業人口 $N_2 - N_1$，これらをあわせた労働人口 N_2 によって構成される。もっとも，労働人口は無論，資本主義のもとで生存する総人口 N_3 とぴったり重なるわけではない。労働人口の周縁には，資本によって雇用されない生活人口 $N_3 - N_2$ がひろく存在している。家事や介護，育児といった市場での評価が困難な，いわゆるシャドーワークに従事する主体はこの生活人口に含まれる。なお，産業予備軍も一面ではこうした労働にたずさわることから，生活人口と重なる面をもつ。この他，現実には，無償労働としてのボランティアなどもここに含めて考えることができよう。

総人口の生存の基盤をなす場が生活過程である。労働者階級が得る総賃金所得は，総人口にたいし生存に不可欠な生活物資を提供し，これは生活過程において消費単位が家族であるかどうかを問わず，共同で消費される。資本が引き出すことのできる総労働量は，こうした生活過程を基盤に生存する総人口のうちの雇用人口のそれにすぎない。生活過程におけるシャドーワークは，したがって，それが雇用人口の生存に不可欠なものであれ，あくまで労働市場の周縁に位置づけられる労働であり続ける。

資本主義的労働市場の周縁にはさらに，資本に雇用されないものの，いわば非資本のもとで労働に従事する領域が存在する。独立小生産者に示される自営業者は，自らの家財を元手に商品を取引する主体であるが，自己労働のみに依拠するとは限らず，たとえば家族に家業を手伝わせるようなかたちで，共同体内の労働力を従業させるケースがある。この他，ここまでの原理的推論からの導出は困難であるが，国などの公共部門および非営利団体において働く人びとなどもまた，非資本によって用いられることから

労働市場の周縁に位置づけられる。

なお，非資本のもとでの労働人口は，資本のもとでの雇用の方が有利と判断する場合には，労働市場の門戸を自ら労働力の売り手としてたたくことになる。独立小生産者にも，資本から請負で仕事をするのと，雇用関係に入ってしまうのとで，どちらの方が得なのか常に選択の余地がある。資本のもとでの雇用に切り替える自由度を，非資本のもとでの労働人口は本来的に有している。その限りでは，資本からみて，非資本の領域で働く人びとは産業予備軍と共通する性格をもつ。

蓄積による人口動態

労働市場およびその周縁にひろがる，(1) 雇用人口，(2) 産業予備軍ないし失業人口，(3) 生活人口，(4) 非資本のもとでの労働人口，以上は当然固定的ではない。資本蓄積は，労働市場および生活過程における相互的な諸人口の吸収と排出を引き起こす。

すでにみたように，総資本量一定のもとで労働の技術的構成の高度化が進行したとすると，雇用人口の一部が排出され，その部分は産業予備軍へと算入される。同時に，排出される雇用人口が，その他の非資本のもとでの労働へとむかう経路もここでは想定されよう。普通の商品であれば，売れなければ値引きされうるが，労働力商品は投げ売りされるようなものではない。そのひとつの要因に，雇用関係ではない労働への従事があげられる。

これとは反対に，労働の技術的構成が不変のもと総資本量が増大し続けるならば，産業予備軍の資本のもとへの吸収が進行する。この過程では，非資本のもとでの労働人口あるいは生活人口の，産業予備軍ないし雇用人口への吸収もあわせて発生する可能性がある。もっとも，蓄積の進行によって雇用人口が増大し，総賃金所得ないし生活物資総量の増大がみられるならば，これとは逆に，

第3章 蓄　積　　127

産業予備軍から生活人口への吸収が発生することもありうる。

　いずれにせよ，労働吸収的な資本蓄積の一方向的な進行は早晩，必然的に産業予備軍の枯渇に逢着する。労働市場における在庫の払底は，はじめは特定の職種において，つづけて産業全体において，貨幣賃金率（名目賃金率）の上昇を発生させる。これは，産業予備軍の枯渇によって，それがもっていた型づけの場としての機能を労働市場が失ったことに起因する。いま一般商品の価格変動が起きないとすると，賃金率の上昇は搾取率の下落を引き起こすことになる。これは，資本によって編成される社会的再生産が，究極的には資本自身によっては生産できない労働人口の制約に外延を画されている事実を端的に示している。労働市場の機能不全は，資本主義のもとでの社会的再生産を阻害する可能性を潜在させるのである。

— *Column*　搾取の実証研究 —

　搾取率は階級関係に大きく左右される。階級関係を決める主な要因は，(i) 労働市場の需給関係，(ii) 国や時代によって異なる法制度・文化・慣習，(iii) 資本家階級と労働者階級の力関係である。力関係とはいっても，文字通り拳で語り合うわけではない。そういう場合もあるが，両者の関係は，労使協定・労働協約・裁判（判例）といった社会関係に現れるため，(i) (ii) の要因と密接に関係している。この搾取率を正確に量る経済統計は存在しないので，大抵は利潤と賃金の関係で代替している。

　利潤と賃金の大まかな統計は『財政金融統計月報』の「法人企業統計年報特集」の「付加価値の配分の状況」で確認できる。

$$搾取率 = \frac{（役員給与＋役員賞与＋動産・不動産賃貸料＋租税公課＋営業利益）－支払利息等}{従業員給与＋従業員賞与＋福利厚生費}$$

この計算式を用いて平成27年度の統計を計算すると，搾取率は約62%となる。巷（ちまた）でよく使われる労働分配率（＝ $\frac{人件費}{付加価値} \times 100$）に近い値にみえるが，似て非なるものである。もっとも，これでは価格関係から独立に分配関係を分析するという労働量計算の意義が活かせていない。だから，労働量の正確なデータがほしいが，それは存在していない。そこで，『労働力調査年報』の統計の利用，産業連関表からの推計，労働時間の貨幣的表現(MELT: Monetary Expression of Labour Time)等の手法によって，より正確な測定を行うための研究がなされている。

　『労働力調査年報』の「主な産業別平均週間就業日数・時間及び延週間就業時間数」に週の平均就業時間が掲載されているので，そこから総労働量が推計できる。また，労働時間の貨幣的表現では，$MELT = \frac{1}{貨幣価値}$ として，労働時間と価格を直接に結びつけている。たとえば，1労働時間が生み出す純生産額が4000円であれば，1円＝$\frac{1}{4000}$時間となる。分析の手法や用いる統計の種類によってかなり幅のある計算結果が出てしまうが，最近50年間の日本の搾取率が傾向的に上昇していることは分かる。階級関係の的確な理解を得るためには，より直接的な統計の整備が望まれるのである。

日本の搾取率の推移（1966〜2015年）

第3篇　機　構　論

第1章　価格機構

> 個々の各商品の価値および個々の各資本の商品生産物全体の価値は，二つの部分に分かれる。すなわち，一方の部分は不変資本だけを補塡し，他方の部分は……全体として総所得に転化して，労賃，利潤，および地代という形態をとるように予定される。……
>
> これに反して，たとえば，総収益全体，総生産物の総体は一国民にとっては純収益に帰着するか，または純収益とは区別されないという，したがって国民的立場からはこの区別がなくなるという，セー氏の場合のような幻想は，諸商品の価値は究極的にはことごとく所得に，労賃，利潤，および地代に分解されるという，A・スミス以来全経済学を貫いているばかげたドグマの必然的で最終的な表現にすぎない。
>
> 『資本論』第3巻第49章

第1節　利潤率の二重構造

　ここまでの2篇では，資本主義経済を大きく市場と社会的再生産の2つの構造に分けて，それぞれ考察してきた。第1篇流通論では，市場を説明するべく，商品・貨幣・資本という3つの言葉

を順繰りに見てきた。つづく第2篇生産論では，労働・生産・蓄積といった，商品の再生産に関わるテーマを扱った。第3篇では，また市場に立ち返って，社会的再生産が資本の運動のうちに遂行されるとき，市場でどのようなことが起きるかを論じていく。

　この第1章で主に考察するのは，商品の価格がどのように決まるのか，という経済学の積年のテーマである。これについて，"価格は需要と供給で決まる"と漠然と思っているかもしれない。まず，そういう思い込みを捨ててもらう。この俗説は，本書のこれまでの考察の成果を台無しにする。ここまでの展開を踏まえて，そこから導き出される価格機構の理論を地道に考えていく。

> 生産資本と流通資本

利潤率の最大化を追求する個々の資本家は，それが有利だと思えば，特定の商品の生産過程に資本を投下していく。すると，この資本家は，商品売買と商品生産の両方に資本を投下していることになる。このように，流通過程と生産過程にまたがって運動する資本のことを，**産業資本**とよぶ。

　産業資本のうち，生産過程に投下されている資本を**生産資本**という。産業資本は，生産資本によって特定の生産物の生産過程を遂行する。第2篇で見てきたように，この生産過程では，技術的確定性が支配しており，一定量の生産物の生産に必要な資材と労働量は，技術が与えられれば一意に決まる。

　生産資本にたいして，流通過程に投下される資本のことを**流通資本**という。これは2つの部分からなる。ひとつは商品を購買するための現金準備であり，これを**貨幣資本**という。もうひとつは，販売過程にあって買われるのを待つ在庫商品であり，これを**商品資本**とよぶ。商品資本は，購買されると現金化され，貨幣資本に

なる。

この流通過程には，生産過程のような技術的確定性がなく，予測不能の変動に晒されている。これを**流通過程の不確定性**という。とはいえ購買過程では，十分な現金さえあればすぐにでも買える。流通過程の不確定性は，いつ買い手がつくか分からないという，販売過程の方に専ら見られる特徴である。

貨幣資本が必要なのは，流通過程が不確定的に変動するために，現金の入手が遅れ，生産過程で必要な原材料等を買えなくなる事態を防ぐためである。仮に，作ったそばから必ず売れると分かっているなら，手に入った現金は手元に残さず，生産過程につぎ込めばよい。流通資本は，生産資本の稼働を継続するためのバッファとして機能するのである。

> **粗利潤率と純利潤率**

利潤率については第1篇で一度考察したが，ここでは生産過程と流通過程の違いを踏まえて，もう一歩踏み込んだ定義を与えておく。

生産過程は確定的であり，流通過程は不確定である。この違いを反映して，産業資本の利潤率は二重に規定される。まず，資本が最大化を目指すのは，投下している資本全額に対する純利潤の割合であり，これは**純利潤率**とよぶことができる。これを r とおこう。

純利潤率の分母である投下総資本は，さらに生産資本と流通資本とに分けられる。分子の純利潤は，すでに第1篇でみたように，粗利潤から流通費用を一括控除した値である。

$$\text{純利潤率}\ r = \frac{\text{純利潤}}{\text{投下総資本}} = \frac{\text{粗利潤} - \text{流通費用}}{\text{生産資本} + \text{流通資本}}$$

第1章 価格機構 133

この純利潤率は産業資本が最大化すべき唯一の目標だが，目標が一つだからといって，それを達成する手段も一つであるとは限らない。流通過程にかかる費用や資本の規模は，事前に予測することができないばかりか，事後的にもどれくらいが適正だったのか，判断する基準をもたない。流通資本や流通費用を節約することで純利潤率を上昇させようという努力は無駄ではないし，常に試みられているが，それだけでは限界がある。

　他資本と比べて劣っていることがはっきり分かるのは，技術的確定性を有する生産過程にかかわる指標である。これは，純利潤率から流通過程にかかわる要素，つまり不確定的な価格変動および流通費用，流通資本を除外することで得られる。この指標を**粗利潤率**とよび，R とおく。

$$\text{粗利潤率 } R = \frac{\text{粗利潤}}{\text{生産資本}}$$

　粗利潤率は，生産過程の効率を表す。流通費用の分だけ分子は大きくなり，流通資本の分だけ分母は小さくなるので，技術と賃金水準からなる生産条件を所与とし，価格も与えられたものとすると，粗利潤率は純利潤率より必ず大きくなる $(R > r)$。粗利潤率は，流通のための資材や労力が必要ないと仮定したときに達成される，理想状態の利潤率である。これを改善することも，純利潤率を上昇させる一つの手段である。

　　一般的利潤率

　個々の資本は，できるだけ高い純利潤率の実現を目指して活動する中で，相互に純利潤率を比べ合う。これを**資本の競争**という。個別資本は，同じ種類の商品を扱う資本同士，つまり同部門内でも競争するが，純利潤率という共通指標を介して，他部門との資本とも競争する。

134　　第3篇　機構論

そして，自部門より高い純利潤率を達成できそうな部門が他に
あれば，そちらに資本を投下していく。資本は，高い純利潤率さ
え得られれば，どんな商品を生産するかには拘らないからであ
る。こうした，部門をまたいだ投資活動のことを**資本移動**とよ
ぶ。資本が移動するというと，生産設備を全部取り替える過程を
思い浮かべるかもしれないが，蓄積によって全体の生産規模が拡
大する中で，利潤部分だけを他部門に投下していくだけでも資本
移動はなされうる。

　競争と資本移動が行われている限り，個々の資本の純利潤率の
間に，大幅な格差が持続的に生じることはない。ただし，だから
といって純利潤率の違いが消滅するわけではない。純利潤率に
は，不確定要因である流通費用と流通資本が含まれている。この
2つは，どれだけ競争しようと，常にバラついてしまう。全く同
じ商品を，全く同じ場所で売るときにさえ，そこにかかる流通費
用は一意に決まるとは言えない。流通過程では，全くの偶然性が
支配する。

　粗利潤率の方でも，同部門内に複数の生産条件が並存している
とすると，その違いを反映して，複数の粗利潤率が成り立つ。こ
の問題については本章にて後に検討する。しかし，一部門に生産
条件は一つずつ，という前提を置くと，粗利潤率の格差が生じる
余地は理論上なくなる。このとき，資本の競争のもとで，純利潤
率は不確定的に変動するのにたいして，粗利潤率は一つに定まる
と推論できる。こうして部門間で一致する粗利潤率の理論上の水
準のことを，**一般的利潤率**という。

第2節 生産価格

以上の産業資本についての考察を基礎に，それが生産する商品の価格がどのように決まるか，つづいて考えてみる。

費用価格

費用という言葉については第1篇でふれた。そこではまだ生産過程の分析をしていなかったので，費用といっても流通費用についてしか考えることができなかった。この第3篇では，生産過程にかかる費用もしっかり考察できるようになった。

所与の技術のもとで確定的な生産過程においては，ある生産物を1単位生産するのに必要な資材の種類と量，および労働量がはっきり決定できる。したがって，これらの資材の価格と賃金率が与えられさえすれば，生産物1単位当たりにかかる費用を計算することができる。これを**費用価格**という。費用価格はKostpreis（独），cost price（英）の訳語であり，いわゆる製造原価のことを指す。

運輸・保管・広告宣伝などにかかる流通費用は，以上の条件を満たさず，原価を構成しない。もちろん，たとえばある生産物を10km運ぶのに必要な資材は，技術的に確定する。しかし，どこまで運べば買い手がつくかは不確定であり，この運輸費は原価に算入されないので，販売価格を押し上げない。10km運んでも100km運んでも，それが同じ商品である限り，同じ価格でしか売れない。同様のことが，保管費や広告宣伝費にも言える。

これは，買い手の側から見ればもっとはっきりする。まったく同じ商品が同じ場所で売られているときには，買い手は価格でしか商品を区別しない。このとき，その商品が運ばれてきた距離の違いを買い手は考慮してくれない。遠くから運んできた売り手

は，流通費用をかけすぎてしまったのである。

> **生産価格の成立**

以上のように，流通費用は費用価格に入らず，商品価格の構成部分で言えば，マージン部分から支出される。一般的利潤率に対応するマージン部分のことを**平均利潤**という。この平均利潤を費用価格に上乗せして，商品の価格が決定される。費用価格と平均利潤の合計値を，**生産価格**という。

ただし，先に費用価格が決まり，それから生産価格が決まるといった前後関係があるわけではない。ある商品の費用価格は，それを生産するのに必要な原材料等の生産価格が決まらないと決定できない。したがって，費用価格と生産価格は，同時決定されなければならない。

この同時決定問題を解くためには，ある生産物が他の生産手段になる，投入と産出の関係が明確化されていなければならない。これについては，第2篇で社会的再生産の構造として分析済みである。そこで，前に使った［数値例 (6)］を使って，価格決定を考えることにしよう。

［数値例 (6)］
小麦 56kg ＋ 鉄 1kg ＋ 農耕労働 10 時間 → 小麦 100kg
小麦 　8kg ＋ 鉄 3kg ＋ 製鉄労働 30 時間 → 　鉄 　10kg

小麦 16kg，鉄 4kg ⋯⋯⋯▷ 労働 40 時間

この数値例では，生産資本は小麦，鉄，そして労働力に投下され，その額はそのまま費用価格と一致している。したがって，小麦の生産価格を p_1，鉄の生産価格を p_2，1 時間当たりの賃金率を

w, 一般的利潤率を R とおくと，［数値例（6）］から以下の連立方程式が成り立つ。

$$(56p_1 + p_2 + 10w)(1 + R) = 100p_1$$
$$(8p_1 + 3p_2 + 30w)(1 + R) = 10p_2$$
$$16p_1 + 4p_2 = 40w$$

　第2篇で見たように，生活物資の取得と労働力の行使との間には，物的生産には見られない本源的独立性があり，それが搾取の基礎になっている。そのため，労働力をモノの社会的再生産における投入産出関係に解消してしまうことは本来できない。しかしここでは，この労働力の重要な特徴を度外視し，w を消去することで，小麦と鉄の世界に抽象化する。すると，連立方程式は次のようになる。

$$(60p_1 + 2p_2)(1 + R) = 100p_1$$
$$(20p_1 + 6p_2)(1 + R) = 10p_2$$

　方程式が2つ，未知数が3個だが，生産価格を価格比率とすれば，$\dfrac{p_1}{p_2}$ という相対比さえ求められればよい。$\dfrac{1}{(1 + R)} = \lambda$ とおいて変形すると，

$$(60 - 100\lambda)\,p_1 + 2p_2 = 0$$
$$20p_1 + (6 - 10\lambda)\,p_2 = 0$$

となる。この連立方程式は，$p_1 = p_2 = 0$ という自明な解をもつが，これは経済学的に意味がない。それ以外の解がないかどうか，考えてみる。

138　第3篇　機構論

この連立方程式の 2 つの式は，p_1 を横軸，p_2 を縦軸とすると，原点を通る 2 本の直線を表している。この 2 本の直線が一致するときには，p_1 と p_2 の比は一定になる。これが，$p_1 = p_2 = 0$ 以外の，連立方程式の解になる。

先の連立方程式の 2 つの式が同じ直線を表すとき，2 式の p_1 と p_2 の係数の比率は等しい。つまり，

$$(60 - 100\lambda) : 2 = 20 : (6 - 10\lambda)$$

が成り立つ。これを解くと，$\lambda = \dfrac{4}{5}$，$\dfrac{2}{5}$ という 2 つの解が得られる。これらはそれぞれ，25%，150% という一般的利潤率を導く。しかし後者の場合，価格は負になる（$\dfrac{p_1}{p_2} = -\dfrac{1}{10}$）。前者の $R = \dfrac{1}{4}$ の場合，$\dfrac{p_1}{p_2} = \dfrac{1}{10}$ となり，利潤率と価格がともに正の，経済学的に有意な解が求まる。

このようにして，流通過程の不確定性が捨象された状況下における理論値として，生産価格・費用価格・一般的利潤率は一意に決定される。

⎛ 生産価格機構の特徴 ⎞ この生産価格の決定機構の最大の特徴は，各部門に生産技術が 1 種類ずつ与えられ，労働者の生活物資の量と種類が決まっていれば，それだけで価格が決定できる点である。諸資本の競争の圧力下で，社会的再生産を構成する生産条件は，客観的な価格の基準を成立させる。流通過程の不確定性の捨象など，非常に強い仮定の上に立ってはいるが，その分だけ生産価格は明確な結論として導出できる。

この価格の基準を，需要と供給の均衡点と同一視すべきではない。その証拠に，本書の前提下では，需要量と供給量の変化は，

生産価格を変化させない。たとえば，小麦の需要量の増加に対応して，［数値例 (6)］から小麦の供給量が 2 倍になったとしよう。その場合，生産技術や賃金水準が，つまり生産条件が同一である限り，数値例は以下のようになる。

［数値例 (6.1)］
小麦 112kg ＋ 鉄 2kg ＋ 農耕労働 20 時間 → 小麦 200kg
小麦　8kg ＋ 鉄 3kg ＋ 製鉄労働 30 時間 →　鉄　10kg

小麦 20kg, 鉄 5kg ……………＞ 労働 50 時間

　小麦の生産技術が不変だとすると，小麦の供給量を 2 倍にするためには，小麦生産に要するすべての投入を 2 倍にする必要がある。すると，労働時間は合計で 50 時間必要になるが，賃金水準が変わらないとすると，生活物資は全体として 1.25 倍になる。この数値の変化は，連立方程式の第 1 式の左辺と右辺を等倍させるだけなので，計算結果に影響をもたらさない。それゆえ，需要と供給の量的変動は，それ自体としては生産価格と無関係である。
　そもそも，この数値例は，需要量を十分に表していない。小麦の供給量は，矢印の右側にある小麦の量に相当するが，小麦の需要量には，各矢印の左側にある小麦の量のほか，数値例に示されていない蓄積需要や資本家需要の分がある。需要量を確定させなくても，生産価格は求まる。このことからも，生産価格が需給の変動からは独立であることが分かる。本書で用いてきた数値例のモデルは，需給均衡を描くものではないのである。
　たしかに，純利潤率の高低を比較しながら資本移動が行われる過程は，均衡への不断のプロセスと似てはいる。ただ，個別資本による資本移動は，常に自分の近傍の利潤率だけを見渡しなが

ら，極めて限定的な情報に基づいて行われているのであり，そこに安定的な均衡点を導き出す理論的意味はない。

本書で均一になると考えられるのは粗利潤率の方だが，流通過程の不確定性を捨象し，各部門に1つずつしか生産条件がないとすると，これは一般的利潤率以外の値をとらない。このとき，理論上，粗利潤率に均等化のプロセスなるものは想定できない。したがって，一般的利潤率やそれと同時に決まる生産価格を，需給の変化が均衡した結果と見るのもおかしい。

生産価格が市場価格の基準になるのは，第1篇で見た，相場価格としてである。市場では，不確定な流通過程に対処すべく，値引き販売や信用取引が展開される。そうした市場価格の動向を説明するには，相場価格がどのように形成されるのか，きっちり論じなければならない。生産価格は，市場での価格変動にたいして，たんに需給で揺れ動くとだけ言ってすませるのではなく，分析的に迫るための基礎概念である。

— *Column* 労働価値説 ——

私たちが生活する上で働くという行為は欠かせない。資本主義では，個人が働いて所得を得るのは普通であるし，社会が成り立つためにも多くの人が働いて，世の中の人びとが必要とするモノを生産しなければならない。この〈働いて生きる〉という人間の普遍的な活動に着目して成立した理論を労働価値説という。労働価値説には，投下労働価値説と支配労働価値説がある。

まず，投下労働価値説の基礎は，対象化された労働量の計算にある。本文で見たように，これは (1) 搾取率の計算を可能にする。また，投下労働価値説の思想的背景には，(2) 生産されたモノは生産した人の所有物であるという，労働所有権がある。これに基づき，マルクス経済学では長らく (3) 対象化された労働量

第1章 価格機構　141

と生産価格の関連が追究されてきており、現在でも多くの論争が戦わされている。それにくわえて、投下労働価値説に、(4) 社会的再生産を維持するためには、どの産業にどれだけの労働が支出されなければならないかという、社会的な労働配分の規制関係を含めて考える立場もある。

　投下労働価値説には、異なる時点での生産規模の変化を反映しにくいという問題がある。たとえば、生産技術が変われば、同じ労働量であっても、生産物の量が何倍かに増えるということがありうる。また、価格から独立に分配関係を分析できるというのが投下労働価値説の利点であるが、商品価格や賃金に反映されているとされる市場の需給関係を加味して考えたいときもある。そこで、支配労働価値説では、価格を賃金率で除した支配労働量を用いる。商品が価格を通じて労働量を「支配する」と解釈して、このようによぶのである。そうすると、2000円のCDは、時給1000円の労働者の労働を2時間支配していることになる。CDの価格変動は支配労働量を変化させる。ところが、どんなに価格や賃金が変化しても、投下労働量で計算すれば、1時間の労働は常に一定数のCDを生産しているのである。なお、搾取は、支配労働量と投下労働量の差で表すこともでき、資本主義では支配労働量が投下労働量を常に上回る。

　また、労働価値説には、私的労働の社会的労働への転化と物象化の視点もある。CD1枚を生産する労働は私的労働である。私的労働は、社会的分業を構成し、相互依存的な関係にあるが、それが社会的な欲求を充たしているか、他者の労働と同等な関係にあるか、が分からないという私的性格を有している。そこで私的労働の生産物の交換を通じて、社会的な性格を獲得しなければならない。

　物象化は、「人と人とが彼らの労働そのものにおいて結ぶ直接的に社会的な関係としてではなく、むしろ、人と人との物的諸関係および物と物との社会的関係として現われる」(『資本論』第1巻第1章第4節) ことをいう。資本主義では、人間がモノを媒介

にしてつながらなければならなくなるために，人間が本来築きうるはずの人格的な関係が隠蔽される。言い換えると，資本主義は，労働と労働，労働者と労働者がお互いに必要なモノを直接話し合い，相談することで，意識的に仕事を分担して成り立っている社会ではない。むしろ，誰が何をどれくらい必要としているか完全には把握していない状態で，ひとまず生産物を市場に出すことを通じて，自己の私的労働が社会的に必要とされているか否かを確認するのである。つまり，社会的関係が人格間の関係から，物象化されたモノ同士の関係にズレているのである。

さらに，利潤，利子，地代という剰余価値の3形態は，人間同士の関係が生み出しているはずのものであるのに，資本，資金，土地が元々もっている価値であるかのように錯覚し，そのことに気づかず当然のものとみなしてしまうことを物化という。

労働価値説には，このように多様な含意があり，一口にこうだと言いにくい。それは，資本主義という経済体制下で，人間が働いて生きることの意味の奥深さを物語っている。

第3節　複数生産条件の処理

生産条件の差異

ここまで，一部門に生産条件が一種類しかない前提で，価格機構を論じてきた。しかしこのように，部門内のすべての資本が同じ生産条件の下に生産過程を遂行するというのは，かなり特殊な状況である。ある生産物についての生産条件というのは，原材料などの投入の種類と量，その過程にかかる労働量といった，さまざまなモノの量の組み合わせからなる。この組み合わせ方にいろいろな候補がありうるときに，その中から最も適当なものを選び取るのは簡単なことではない。個別資本ごとに，判断がばらける余地がありうる。

第1章　価格機構　143

とくに，流通過程が不確定的に変動するという想定下では，ど
の生産条件が有利なのか見定めるのが困難になる。技術的に優っ
ていても，マーケティングその他の失敗でそれが覆い隠されてし
まうこともあるし，逆に，劣った技術を使っていても，偶然に助
けられて高い純利潤率が得られることもある。流通過程の不確定
性は，複数の生産条件が部門内に並存しうる「アソビ」を残すの
である。そのうえ，新たな生産条件が次々に現れてくる。あとで
見るように，資本主義の下では新生産条件の発見と実施が，経済
的動機によって促されているからである。それゆえ，部門内には
複数の生産条件が存する状態が，むしろ理論上も通常だと考える
必要がある。

　　生産条件の優劣　　　　ただし，資本は当然最も優等な生産
　　　　　　　　　　　　　条件をその中から選び出そうとす
る。2つの生産条件を比較したとき，すべての投入物と労働量が
少なくて済む方は，明らかに優等だと判断できるが，そうでない
場合は，何らかの基準で優劣を決める必要がある。資本にとって
意味のある優劣は，価格評価によって与えられる。ここでは，生
産価格を用いてそれを判定するやり方を示す。

　[数値例（6）]に示した小麦と鉄の生産条件をそれぞれ【小麦
生産条件1】，【鉄生産条件1】と名付け，それにくわえて，鉄の
生産条件がもう一つあるとしよう。

　小麦 3kg ＋ 鉄 1kg ＋ 製鉄労働 30 時間 → 鉄 10kg
　　　　　　　　　　　　　　　　　　　　　　【鉄生産条件 2】

　この【鉄生産条件 2】は，同量の鉄を産出する【鉄生産条件 1】
と比べて，同じ労働時間で用いられる小麦の量と鉄の量がともに

少ないから，明らかに優等条件である。これを【小麦生産条件1】と組み合わせると，次のようになる。

［数値例（9）］

小麦 56kg ＋ 鉄 1kg ＋ 農耕労働 10 時間 → 小麦 100kg

小麦　3kg ＋ 鉄 1kg ＋ 製鉄労働 30 時間 →　鉄　10kg

小麦 16kg，鉄 4kg ……………▷ 労働 40 時間

［数値例（6）］と同様に計算すると，［数値例（9）］からは，$R = \dfrac{3}{7}$，$\dfrac{p_1}{p_2} = \dfrac{1}{5}$ という解が得られる。このように，鉄の生産条件が2つ並存している場合には，［数値例（6）］の解と合わせて，2つの R と価格比率が成り立ちうる。2つの R を「一般的利潤率」と呼ぶのは語義矛盾であるから，部門内に複数の生産条件が並存するときに成り立つ複数の R は，単に粗利潤率とよぼう。生産条件の優劣は，粗利潤率の格差として示されるのである。

このとき，さらに小麦の生産条件として，次の【小麦生産条件2】も用いられているとしよう。

小麦 36kg ＋ 鉄 4kg ＋ 農耕労働 10 時間 → 小麦 100kg

【小麦生産条件2】

【小麦生産条件2】は，【小麦生産条件1】よりも小麦を使う量は少ないが，鉄を使う量が多いので，このどちらが優等かは自明ではない。そこで，生産価格を用いて優劣を判定してみよう。【小麦生産条件2】の与える粗利潤率は，$\dfrac{p_1}{p_2} = \dfrac{1}{10}$ のとき，次のように計算される。

第 1 章　価格機構　　145

$$(36p_1 + 4p_2 + 10w)(1 + R) = 100p_1$$

$$16p_1 + 4p_2 = 40w \text{ より}$$

$$(40p_1 + 5p_2)(1 + R) = 100p_1$$

これに$\frac{p_1}{p_2} = \frac{1}{10}$を代入すると，$R = \frac{1}{9}$（≒ 0.11）となる。この場合には，$\frac{p_1}{p_2} = \frac{1}{10}$のときに，$R = \frac{1}{4}$（≒ 0.25）を与える【小麦生産条件1】よりも，【小麦生産条件2】は劣等である。

一方，$\frac{p_1}{p_2} = \frac{1}{5}$のときには，【小麦生産条件2】は$R = \frac{7}{13}$（≒ 0.54）を与える。同じ価格水準で【小麦生産条件1】は$R = \frac{3}{7}$（≒ 0.43）を与えるため，【小麦生産条件2】は，【小麦生産条件1】よりも優等だと評価されることになる。

かくして，複数の部門にて複数の生産条件が同時に用いられている場合には，生産条件の優劣は必ずしも自明とは言えない。生産条件によって価格の基準が規定されると考える限り，価格で評価したときの生産条件の優劣は，各部門の生産条件の賦存状況に影響を受ける。

特別利潤

うえで見た問題は，生産価格が一つに定まらないがゆえに発生する。複数の生産条件が部門内で同時に稼働している状況下では，生産価格の一意性は失われるのである。逆に言うと，どの生産価格を価格評価に使うか決めてしまえば，生産条件の優劣ははっきりと判定できる。以下本章では，生産価格が複数成立する状況で，粗利潤率の計算に用いられる生産価格がその時々でひとまず与えられるものとして議論を進める。

ある価格関係の下で，優等条件を用いて生産している資本は，

劣等条件を用いている資本よりも高い利潤を上げることができる。これを**特別利潤**という。これは粗利潤率のレベルで認識される差であり，流通過程の不確定性の中で発現する純利潤率の格差とは異なる。特別利潤にたいして，流通過程が好調であるために得られた，相対的に大きな純利潤は，**超過利潤**とよぶ。

　個別資本が優等な生産条件を採用しようと努めるのは，この特別利潤を得るためである。これは部門内での競争だけではなく，部門間の競争にも影響を与える。得られる特別利潤が大きい部門は，それだけ魅力的な投資先になる。資本による生産部門編成は，超過利潤だけでなく，特別利潤をも追求する中で，ダイナミックに行われる。

　ただし，部門内のすべての資本が同じ生産条件で生産するならば特別利潤は消えてしまうので，すべての生産条件の利用に制限がない場合，特別利潤は一時的なものに止まる。だからこそ，資本は利潤率を最大化させるために，次から次へと新生産条件を導入しようと励むのである。しかし，何らかの要因で生産条件の利用に制限がかかっている場合には，特別利潤は別のかたちをとることになる。つづいてその場合を考察しよう。

　　　本源的自然力　　　生産条件の利用に制限がかけられるのは，その生産条件が所有されている場合である。生産条件の所有は，生産条件を実現する機械等の生産手段に対する所有とは異なる。機械がある人に私的に所有されていても，その機械が再生産可能なモノであれば，別の人もその機械を購入して所有することで，その生産条件を利用できる。生産条件の所有とは，生産条件の実現に必要なモノが再生産不可能な対象であり，それに排他的な私的所有権が設定されていて，生産条件の利用に制限をかけうる場合に成り立つ。

第 1 章　価格機構　　147

このように，ある生産条件を利用する際に必要となる，再生産不可能なモノを**本源的自然力**という。その代表が土地である。土地は，人間の利用によって疲弊もするし汚染もされるが，ひとまず人間の経済活動のタイムスパンでみて消滅するということがなく，したがって再生産されない。それでいてなお，経済活動のためには必要不可欠である。以下本章では，本源的自然力を土地で代表させて論じる。

　ただし，土地以外にも本源的自然力は広範に存在する。特許権等の知的財産権は，本源的自然力の所有が法制度によって作り出された例である。翻ってみれば土地の所有も，登記制度をはじめとした諸制度に支えられている。その意味では，本源的自然力の私的所有をどこまでどういうかたちで認めるかは，その時々の社会の価値判断に大きく依存する。それとともに，土地に限らず，本源的自然力は技術全般に関わっていると考えなければならない。

　本源的自然力は再生産されないため，大量生産して売りさばくというわけにはいかない。値付けをしようにも，費用価格がない。本源的自然力の所有権を取得するのに費用がかかっているかもしれないが，それは一度限りの行為で，再現性がない。生産ではなく，**発見**される対象である本源的自然力には，大量生産される生産物と同じように，原価をベースにした価格が成立するということはできない。

　そのため，本源的自然力を利用したい産業資本は，その所有者から本源的自然力を買い取るのではなく，まずはそれを借りるというかたちをとる。本源的自然力を借りる際の賃料を**地代**とよび，地代を受け取る主体のことを土地所有者あるいは**地主**とよぶ。これは本源的自然力を土地で代表させたからこうよぶだけであって，それぞれ知的財産権のライセンス料とライセンサーなど

148　　第3篇　機構論

も含んだ概念として理解してほしい。

差額地代

いま，先の【小麦生産条件1】と【鉄生産条件1】は無償で利用できるが，【小麦生産条件2】と【鉄生産条件2】には，利用制限をかけることのできる地主がいるものとする。【小麦生産条件1】と【鉄生産条件2】によって規定される，$\frac{p_1}{p_2} = \frac{1}{5}$ という価格関係のもとでは，小麦1kgを30円とすると，鉄1kgは150円となり，小麦100kg生産するごとに，【小麦生産条件2】は【小麦生産条件1】と比較して150円の特別利潤をもたらす。それゆえ小麦生産者は，こぞって【小麦生産条件2】を利用しようとする。

そうした利用申請にたいして，【小麦生産条件2】の地主は，自らの所有権に基づき，地代を要求することができる。この上限は，小麦産出100kg当たり150円までである。その金額までは，小麦生産者は地代を支払ってでも【小麦生産条件2】の土地を借りた方が【小麦生産条件1】を使って生産するよりも得なので，小麦生産者の利用競争が，小麦産出100kgあたり150円の水準まで【小麦生産条件2】の地代を押し上げることになる。このように，産業資本側の利用競争によって，特別利潤が地主に移転されて形成される地代のことを，**差額地代**という。

絶対地代

差額地代の形成は，小麦にたいする需要が十分で，【小麦生産条件2】の借り手がたくさんいる状況を前提とする。もし逆に，小麦にたいする需要が弱く，【小麦生産条件2】の借り手を見つけることすら難しくなる場合は，【小麦生産条件2】の地主側に貸し出し競争が発生する。この場合には，理論上地代は消滅する。

しかし，【小麦生産条件2】の地主が結託し，貸し出し競争を

第1章　価格機構　149

抑制した場合には，先ほどの小麦産出 100kg 当たり 150 円を上限として地代が発生する。それ以上の地代を要求されれば，小麦生産者は無償で利用できる【小麦生産条件1】を使う。このように，資本側の利用競争なしに，地主による利用制限によって特別利潤が地主に取り込まれて形成される地代を，**絶対地代**という。

絶対地代の水準は，代替的な劣等条件の存在によって画されている。それにたいして，代替的な生産条件が存在しない場合には，その地代は上限をもたず，有効需要のみで水準が決まる**独占地代**となる。

$\boxed{\text{土地改良}}$　ここまで，[数値例 (9)]の【小麦生産条件1】と【鉄生産条件2】によって規定された $\frac{p_1}{p_2} = \frac{1}{5}$ という価格関係を前提に，差額地代と絶対地代の形成原理を説明してみた。その下では，【小麦生産条件2】の利用によって発生する特別利潤が地代というかたちで吸い上げられるので，産業資本からみて，小麦の生産条件は実質的に均質化される。

【鉄生産条件2】には地主が存在しているが，$\frac{p_1}{p_2} = \frac{1}{5}$ という価格関係では，鉄部門において地代が発生していない。これは，【鉄生産条件2】の地主の間で貸し出し競争が発生しており，地代が消滅していることを意味する。

そうだとすると，【鉄生産条件2】の地主が結託し，絶対地代を発生させるか，差額地代が発生する場合には，代替的な劣等条件である【鉄生産条件1】が規定する水準まで鉄の価格が上昇する。こうして，$\frac{p_1}{p_2} = \frac{1}{10}$ という価格関係が基準になったとしよう。小麦 1kg が 30 円だとすると，鉄 1kg は 300 円に値上がりする。

すると小麦部門では，生産条件の優劣が入れ替わり，今度は【小麦生産条件1】が【小麦生産条件2】にたいして小麦産出

100kg 当たり 300 円の特別利潤を生むようになる。その結果,【小麦生産条件 2】から借り手はいなくなる。この場合，いくら【小麦生産条件 2】に利用制限がかけられていても，差額地代も絶対地代も発生しない。地主が地代を得られるのは，所有の力だけによっているのではなく，あくまで本源的自然力の利用によって特別利潤が発生する場合に限られる。

　ただ，地主はこうした状況に甘んじることはない。より優等な生産条件を発見できれば，地代をまた獲得することができる。ある生産部門において，既存の優等条件よりもさらに優等な生産条件を発見することを**土地改良**という。たとえば，次のような【小麦生産条件 3】を発見することに成功すれば，小麦 1kg30 円，鉄 1kg300 円という価格水準の下で，【小麦生産条件 1】にたいして，小麦産出 100kg あたり 600 円の地代を取得できる。

小麦 36kg ＋ 鉄 1kg ＋ 農耕労働 10 時間 → 小麦 100kg

【小麦生産条件 3】

　土地改良は地代を上昇させたいという純粋な経済的動機で行われるが，原理的には，資本の運動に取り込むことができない活動である。本源的自然力は消滅することがないので，その発見にかかった費用をどれくらいの期間にわたって売上から回収していけばよいか，計算する方法が理論上存在しないからである。特許権のように，たとえば最長 20 年といった期間が外的に設定されていれば，それを資本の運動の一環として費用化していくことが考えられなくはない。しかし，そういった本源的自然力の「寿命」が設けられないところでは，土地改良は，できるだけ大きな地代を得ようとする地主に任せるしかない。新生産条件の発見を資本は希求するが，独力では達成できない。そこには，資本家でも労

第 1 章　価格機構　　151

働者でもない，第三の主体である地主が要請される。

　以上より，地主は地代を積極的に獲得し増大させるために，大別して2つの方法を使う。ひとつは他の地主と結託することによる絶対地代の確保である。もうひとつは，土地改良による生産性のさらなる向上である。どちらが支配的になるかは，生産条件の優劣を規定する生産価格の水準と，本源的自然力をめぐる社会状況や自然科学の水準といった非商品経済的要因との関係で決まる。ここは，商品経済的論理だけでは一意に決定できない，本源的自然力の所有に関する**開口部〈5〉**をなす。

── *Column*　知的財産権 ──

　知的財産権（知財権）とは，人間の創作的活動によって生み出された無体物にたいして，法律によって定められる所有権である。主として利潤追求のために利用される産業財産権と，思想・感情の創作的表現を保護する著作権の2種に大別され，前者は特許庁への登録が必要なのにたいし，後者は必ずしもそれを要さない点が大きな違いである。

　自然法則を利用した高度な技術的思想を保護する特許権は，産業財産権の代表例である。特許権の存続期間は概ね世界共通で，原則として最長20年間である。ただし，特許権を存続させるには，「年金」とよばれる所定の料金を特許庁に納付し続ける必要がある。そのため，多くの特許は満了を迎えず，たとえば現在の日本では半数以上の特許権が10年以内に放棄されている。それにたいし，著作権は原則として，著作者の生存期間および著作者の死後70年持続する。登録なしに権利が発生するので，年金も不要である。

　こうした知的財産権制度が，イノベーションにとってプラスになっているかどうかについては，さまざまな考え方がある。知的財産権がなければ発明等は容易に模倣され，発明等を推進・公表

するインセンティブが確保できないという意見がある一方で，すべての創作活動は先人の発明等にたいする模倣の上に成り立っており，それを妨げる知財制度はむしろ技術革新を阻害しているという主張もある。それに関連して，保護期間の長さについても，どの程度が適当なのか議論がある。

　原理論の側から見ると，資本主義経済においては，知財制度は善悪の問題以前に，必然的に要請される。それは，技術革新には経済的インセンティブが必要だからでも，私的所有権イデオロギーが絶対視されるからでもない。物理的に消滅することのない本源的自然力たる技術そのものを，資本がそのままのかたちで費用化していくことができないからである。そのため，資本は技術そのものの所有を可能にする制度を原理的に必要とする。

　そのうえで，資本主義経済において，知財制度の良し悪しについて議論が分かれるのは，技術革新を定量的に把握することの困難のほか，その原理的な位置づけにも起因している。絶対地代の仕組みのように，権利者が結託してライセンス料をせしめているところをとれば，それは利潤追求を旨とする企業活動を妨げているように見える。その一方で，土地改良の動機づけと同様に，コストの予見できない技術革新を，技術の所有主体にあえて促す効果に注目すれば，知財制度なしには資本主義経済といえども技術革新をもたらし得ないことにもなる。

　知財制度をめぐって，近年では**クリエイティブ・コモンズ**のような，知的創作物の共有制度を求める声も高まってきている。知財制度の存在が資本主義のシステムと原理的に関連している以上，知財制度のあり方を考えることは，資本主義のあり方を問うことにつながっている。

第2章　市場組織

> この第三部で行なわれることは，この統一についての一般的な反省を試みることではありえない。そこでなされなければならないのは，むしろ，全体として見た資本の運動過程から出てくる具体的な諸形態を見いだして叙述することである。現実に運動している諸資本は具体的な諸形態で相対しているのであって，この具体的な形態にとっては直接的生産過程にある資本の姿も流通過程にある資本の姿もただ特殊な諸契機として現われるにすぎないのである。だから，われわれがこの第三部で展開するような資本のいろいろな姿は，社会の表面でいろいろな資本の相互作用としての競争のなかに現われ生産当事者自身の日常の意識に現われるときの資本の形態に，一歩ごとに近づいて行くのである。
>
> 　　　　　　　　　　　　　　　　　『資本論』第3巻第1章

　ここまで，生産と流通の両過程を同時に営み，個々に分散的に活動する産業資本の運動を中心に考察を続けてきた。もっとも現実には，流通あるいは生産のいずれかの活動に特化している資本，またそれらを含み展開される個別資本間の結びつきがひろくみられる。本章では，これら**市場組織**が資本主義のもとで，なぜ存在しているのか，どのような機能をもち，いかなる役割を担っているのか，これらの疑問を理論的に解決していく。

第1節　産業資本

> ## 出発点としての
> ## 産業資本

本章においても，出発点は産業資本である。競争的な市場において産業資本は，必ずしも生産と流通の両過程をすべて自力で担い，また個々に分散的に活動するわけではない。生産あるいは流通のいずれかの活動に特化することもできるうえ，個別資本間で新たな関係性も構築できる。

前章でみたように，産業資本の運動には生産資本と流通資本が投下されていた。流通資本が貨幣準備と商品在庫から構成されるのにたいし，生産資本は**流動資本**と**固定資本**から構成される。流動資本とは，原材料のように，商品1単位の生産過程内で使い尽される生産資本部分を指す。これにたいし，生産設備のように，商品1単位の生産過程内では使い尽されない部分は固定資本とよばれる。多数の生産物の生産に利用される固定資本の価値は，それら生産物の販売を通じて徐々に回収される。これを固定資本の償却といい，回収された総価額を**償却資金**という。

流通資本は固定資本の存在を前提に投下される。流通資本には販売期間の不確定な変動を吸収する役割があり，販売期間が長くなると流通資本中に占める貨幣準備の比率は低下し，逆に短くなると上昇する。固定資本の遊休を回避し，生産過程を円滑に保つことが，流通資本の役割である。

もっとも前章では，［数値例（6）］（111頁）にみられるように，市場価格の客観的基準となる生産価格を導出するうえでの理論上の処理として，流通過程の不確定性にくわえ固定資本はいったん捨象されていた。本章では，固定資本の存在が個々の産業資本および社会的再生産に与える影響をとくに重視し，固定資本を不可欠な契機として運動のうちに含む産業資本を考察の出発点に設定

第2章　市場組織　　155

する。

　以下，現実に存在する市場組織を外側から前提として「導入」するのではなく，産業資本によって構成される理論上の舞台からこれを内的に「導出」していく。

固定資本による制約

　個々の産業資本は純利潤率の最大化を目的に，それぞれ自由な活動を繰り広げている。ただし，この自由は無際限ではない。生産と流通，2つの異質な過程を運動に取り込むことによって，産業資本の活動には大きく2つの制約がかかることになる。

　ひとつは，固定資本を抱えたことによる資本移動の困難である。社会的な需要が個々の商品種にランダムに振り分けられる市場にあって，産業部門間には純利潤率の格差が必然的に生じる。相対的に純利潤率が低位の部門で活動する産業資本にとって，他部門への資本移動は賢明な策ではあるが，現在稼働中の固定資本の償却を終えなければ，全面的な資本移動にはなかなか踏み切ることはできない。償却資金や工場等の固定資本の新設のために徐々に積み立てられる**蓄積資金**など，比較的長期の資金はこれにより遊休を迫られ，純利潤率の増進を制約することになる。

　またひとつの制約は，固定資本を抱えたことによる流通過程の困難である。固定資本を遊休させないため，産業資本は自身の予想に基づき販売期間を見積り，それに対応した量の流通資本をあらかじめ投下する。しかし，販売期間が不確定に変動する状況では，どれだけの量の流通資本を投下すればよいかの基準がない。たとえ販売期間を長めに見積もるにせよ，そもそも客観的な基準がないため，産業資本のもとでは貨幣準備の過不足が不断に生じることになる。あらかじめ予想した販売期間と実際の販売期間とを一致させることができない以上，この過不足は産業資本の純利

潤率にとってマイナス要因として作用する。

　以上の2つの制約は，固定資本を媒介に密接に関係する。ここではまず，現在の固定資本の連続的稼働を前提とする産業資本の身の振り方からみていこう。

値引き販売

貨幣準備の不断の過不足は，産業資本の純利潤率にマイナス作用を及ぼす。当初の予想よりも早く売れ続ければ，流通資本は結果として余分となって現われ，逆になかなか売れなければ固定資本の遊休が生じることになる。

　ただし，この両者は産業資本にとって同じ比重で制約となるわけではない。より深刻なのは，貨幣準備の不足にある。結果的に流通資本が余分となる場合にあっては，販売はあくまでうまくいっているのであり，当然生産が中断することはない。これにたいし，貨幣準備が不足してしまえば，毎日投入される原材料費とは比較にならないほど巨額の固定資本が遊休してしまう。産業資本にとってなによりも避けたいのは，より強い純利潤率の下落要因となる固定資本の遊休なのである。

　販売期間が予想よりも長引き，操業停止の危機に直面する産業資本にとって，これを回避する手っ取り早い方法に値引き販売がある。販売価格を現在よりも引き下げれば，値引きしないよりは早く売れる可能性がある。この場合，値下げ幅の下限は，周囲の競合相手が追随できない価格であると同時に，次の原材料費をまかなえるギリギリの価格，すなわち原価（費用価格）となる。原価を下限に価格を引き下げることで即座に販売できれば，操業停止は少なくとも回避できる。

第2章　市場組織　　157

新たな売買関係の構築

もっとも，値引き販売は貨幣準備が不足した際の，その意味ではあくまで事後的な固定資本の遊休回避の方法である。事後的な方法には他に商業信用があるが，これはひとまずおくと，値引き販売は生産継続を可能とする反面，本来の目的である利潤の大部分は失われてしまうことになる。一方，現在販売が好調な産業資本も今後の販売動向を読み切れない限り，いつこうした苦境に陥るかは分からない。〈販売不調→貨幣準備の不足→値引き販売〉という事態は，結局のところ，すべての産業資本が直面しうる市場の常態なのである。

こうした事態は，産業資本間における新たな売買関係の構築によって断ち切られる。たとえば，産業資本間の売買関係に何度も繰り返し行われるという意味での継続性をもたせれば，売り手は一回かぎりの単発的な売買関係にあって甘んじるほかなかった販売期間の変動を事前に抑え込むことが可能となる。これによって販売期間を，たとえば1週間といったかたちで確定できることは，同時に，1週間以上になった場合に備えて用意していた流通資本部分の削減を売り手に可能にする。仮に，生産した商品を間髪おかずに次々と買い続けてもらえるとすれば，売り手の販売期間はその間ゼロとなる。この場合は，売り手において流通資本の投下自体が必要なくなるのであり，これは純利潤率にプラスの作用を及ぼす。

他方，買い手にとっても継続的な売買関係の構築は，相場よりも安定的に安く買えるメリットをもつ。販売期間が確定することで投下流通資本量の水準を現行よりも引き下げることができるため，その分売り手としても相場より安く売れる根拠は存在するわけである。

また，こうした売買関係は，〈販売好調→貨幣準備の過剰〉と

158　　第3篇　機構論

いう事態にも力を発揮する。いくら今日まで販売が好調であっても，明日以降の販売動向を読み切れない状況であれば，流通資本の投下量水準を簡単にすぐ引き下げるわけにはいかない。販売期間を取引の継続性をもって確定することで，結果的に余分となりえた可能性のある流通資本部分をはじめて売り手は削減することが可能になる。

　当事者双方がメリットを享受できることから，こうした新たな売買関係の構築は，不確定な販売期間の変動に頭を悩ませている産業資本によって追求される可能性をもつのである。

> 組織化の原理

　将来起こりうる事態をあらかじめ抑え込むことを目的に，互いに競争関係にある複数の個別資本が取引関係を構築していくことを，本書では**組織化**とよぶ。また，これによって構築される取引関係を，**資本間組織**あるいは**組織**とよぶ。継続的な取引関係の構築は直感的にも理解しやすい組織化の形式であるが，ポイントは必ずしも取引の継続性にあるわけではない。

　組織化の第1のポイントは，事前的な対処という原理にある。すでにみたように，販売期間が個別資本にとって操作できない不確定な市場において，産業資本のもとでは貨幣準備の過不足が不断に生じるのであった。組織化は，将来直面しうるこのような事態を現時点において封じ込める，個別資本間の結びつきの原理をなす。継続的な取引関係はこの原理を満たすものではあるが，必ずしも組織化がすべてこのかたちをとって現れるわけではない。将来の事態を見据え事前に対処する原理をもって個別資本同士が結びつくかぎりは，すべて組織化のカテゴリーに括ることができる。あとでみる，銀行業資本や商業資本の組織化もまた，この原理を基礎に明らかにされる。

第2章　市場組織　　159

第2のポイントは，この組織化の原理を担保するための取引の工夫にある。ひとたび組織化がなされれば，売り手・買い手ともにメリットを享受することになるが，とくに売り手における販売期間の変動の抑制という点に限ってみた場合，なおも十分ではない。

　ひとまず継続的な取引関係で考えてみよう。うえでみたように，これによって売り手は販売期間を確定するにとどまらず，そこから投下流通資本量の水準引き下げを試みる。しかし，仮にこの状況で突然，買い手が取引の打ち切りを申し出れば，売り手は流通資本を圧縮した状態のまま，寝耳に水の販売期間の変動におそわれ，固定資本が遊休するなどの大きな損害を受けることにもなりかねない。組織化によって事前に対処すべき将来の事態には，したがって，販売期間の不断の変動という将来の事態だけでなく，組織化した後の将来の事態もまた含まれなくてはならない。

　これには，たとえば，取引量を双方のその時々の事情に応じて調整したり，取引を打ち切る際にはあらかじめ通達するといった取り決めを，組織化のうちに盛り込む工夫が必要となる。こうした工夫のあり方には，国や時代によってさまざまな制度や慣習が入り込む余地があるが，いずれにせよ，取引関係の工夫なしに個別資本はおいそれと組織化に向かうわけにはいかない。組織の解消というさらに将来の事態までをも見据えて，はじめて組織化は個別資本によって遂行されるものとなるのである。

組織化のデメリット　　　産業資本間の組織化を通じて，市場には**産業組織**が現れることになる。しかし，必ずしもすべての産業資本がこの一端を担うわけではない。契約条件が一致しない場合や生活物資を生産・販売する

160　第3篇　機構論

産業資本などはいったん別にしても，組織化は売り手にたいし，たとえ価格面などで有利な販売機会が現れたとしても，即座にそれに反応することを困難にさせる。買い手にとってもこれは同様で，たとえ大幅に値引きされた商品が市場に現れたとしても，即座にそれに買い向かう行動は組織化によって封じられることになる。将来の売買関係の安定性を得ることと引き換えに，現在の機会主義的な行動を断念せざるをえない状況が，組織化によってつくりだされるのである。

産業組織にこうしたデメリットが含まれるかぎり，これから距離をおき分散的に活動する産業資本の存在も他方で認められることになろう。しかし，このような資本には当然，販売期間の不確定な変動がつきまとうことになる。どちらが純利潤率の増進にとって有利であるかは結論できないが，分散的に活動するかぎり，〈販売不調→貨幣準備の不足→値引き販売〉という負の連鎖がみられる市場に身をおくことは避けられない。もっとも，この負の連鎖がみられること自体が，分散的な産業資本の目にはむしろ魅力的に映っているのである。

しかし資本は，たとえ超過利潤を生み出す不確定な市場に魅了されようとも，自らの値引き販売によって他の資本を利してしまうことは当然好まない。現状に甘んじることのない資本は，ここから新たな形式の売買関係を生み出すことになる。

商業信用による
事後的処理

個別資本間における，将来の支払約束に基づいた，現在の後払いによる売買関係を商業信用という。販売期間のバラツキは，一方で販売不調によって貨幣準備が不足し値引き販売に迫られている資本を，他方で販売好調によって貨幣準備が相対的に豊富となった資本を市場に生み出す。商業信用は，こ

第2章　市場組織　　161

のような両極的な事態に直面している産業資本の存在を背景に，それを事後的に処理する方法として市場に現れる。

　商業信用はまず，値引き販売の代替として，買い手である資本Aによって利用される。販売期間が不確定な市場では，〈販売不調→貨幣準備の不足〉という事態が不断にみられた。この事態を処理するうえで産業資本が真っ先に思いつく方法は，原価を下限とする値引き販売であり，これで即座に売り抜けることができれば固定資本の遊休からは免れることができるのであった。

　しかし産業資本としては，生産継続を可能にするとはいえ，利潤の大部分をみすみす手放してしまうことは当然本意ではない。また，投げ売りの目的が固定資本の遊休回避にあることは，本来直接に必要なのは生産手段としての原材料 W' であって，W' を買うための貨幣 G' ではないことを意味する。そうすると，あわてて投げ売りするよりも，いま直接に必要な W' を後払いによって確保するほうが有利である可能性が現れる。

　通常，信用価格は現金価格を上回るが，その差額が自分の商品在庫 W の想定された値引き幅よりも小さければ，値引き販売よりも商業信用が選択されることになる。

W' の信用価格 － W' の現金価格 ＜ W の現金価格 － W の値引き価格

　商業信用はまた，商品を高く売るために，売り手である資本 B によって利用される。販売不調にあえぐ産業資本がいる一方，数多いる産業資本のなかには販売好調によって流通資本中に占める貨幣準備の比率が高まっているものも現れる。こうした産業資本にとって，現金でこのまま販売し続けることは最善の策ではない。これは貨幣準備の比率をさらに高めるにすぎない。したがって，貨幣準備に余裕がある場合には，通常の現金販売ではなく，

より高く売ることのできる信用販売が選択肢に入ってくることになる。

> **商業信用による事前的対処**

商業信用は、貨幣準備の過不足を事後的に処理する方法として利用される一方、将来起こりうる事態に事前に対処する方法としても利用される。商業信用に基づく組織化は、以下みるように、受信側および与信側ともに、投下流通資本量の水準引き下げを主たる動機として展開される。

　まず、受信側からみていこう。産業資本は一般に巨額の固定資本の遊休をおそれ、予想される販売期間をいくぶん長めに設定し、それに対応した量の流通資本を投下している。この状況において信用での購買が可能になると、この期間内に売れる確率が高いという販売期間に流通資本の投下量水準を再設定し、実際の販売期間がそれをこえた際には信用で原材料を買うといったかたちでの準備が可能になる。将来の受信を見越して現在の準備水準を低く設定することが、信用売買によって可能となるのである。

　もっともこれには、「信用で買いたい時にはすぐに信用で買える」という条件が、あらかじめ満たされていなければならない。この条件なしに準備の水準を引き下げることは、固定資本を抱えている以上リスクが大きすぎる。したがって、将来の販売遅滞時には必ず信用で売ってやるという売り手の存在がカギを握ることになるが、売り手としても返済を信用できなければ簡単に信用で売るわけにはいかない。「必要な時には信用で売ってやる」と啖呵を切るからには、「信用で売りたい時にはすぐに信用で売れる」ように、売り手としてもそれなりに心構えが必要であろう。

　たとえば、日常的に取引を繰り返すことで受信資本の経営状態をトレースできれば、即座に突発的な受信要請に応えることに困

第2章　市場組織　　163

難は比較的少ない。また，緊急時の信用価格を平時の信用価格よりも高く設定するなどの取り決めを事前にしておくことも，与信のインセンティブを高めるうえで有効である。いずれにせよ，どのようなかたちであれ，買い手において将来の受信を見越した現在の準備水準の引き下げが可能となるには，将来の信用売買の実現を現時点で保証する個別資本間の枠組みが必要となる。この枠組みは，それが将来の事態に事前に対処する原理をもつことから，商業信用に基づく組織化と規定される。

　次に，与信側についてみていこう。信用での販売によって販売期間はいったん，ある一定の期日に返済されるというかたちで確定することになる。これにより，その期日より長くなったかもしれない販売期間に備え用意していた流通資本部分は削減の対象となり，純利潤率にプラスの効果がもたらされることになる。

　ただし，現在保有する商品在庫を対象とする通常の信用売買であれば，こうした流通資本の削減には困難がある。一度の信用売りによって，たとえ現在の商品在庫をすべて処分できたとしても，それ以後の販売期間があくまで不確定であるかぎり，流通資本の削減に打って出ることのできる根拠は見当たらない。これが可能になるには，将来の販売期間の安定性を確保しうる，たとえば信用売買を継続的に行うといったかたちでの組織化が不可欠となる。これによって，現時点で将来の販売動向をトレースできるようになれば，取引が打ち切られる将来時点までの販売期間は実質的に確定され，その期間，流通資本量の切り詰めを図る合理的根拠も与えられることになる。

　商業信用の成立条件　商業信用には売買当事者双方にメリットがあり，その限りでは社会的なひろがりをもちうる。だが，両者に動機があっても，即

164　　第3篇　機構論

座に商業信用は成立するわけではない。これには，以下の基本的条件が充足される必要がある。

　第1の条件は，与信側の産業資本に返済までの期間，自身の生産過程を維持するための貨幣資本が準備されていることである。したがって場合によっては，受信資本が求める受信期間・時機・受信額に与信資本は応じることができないこともある。

　ここで確認しておくが，商業信用の取引対象は与信資本Bが保有する商品在庫W'であり，これが，受信資本Aが自身の商品在庫Wの販売を通じて形成する「将来の貨幣」にたいし現在販売されることによって商業信用は成立する。成立条件としての「現在の貨幣」としてあるBの貨幣準備Gは，Bの生産に回されるものであって，貨幣貸借のようにこれがAに与信を通じて直接受け渡されるわけではない。

　したがって，商業信用においては，「Bによって創出される与信額」と「Bの保有する貨幣準備Gの金額」がいつも一致するとは限らない。基本的な商業信用にあって与信額の上限を規制するのは，「Bが抱えている商品在庫W'の総額」であり，この範囲内で「将来の貨幣」の原資となる「Aの商品在庫Wの価値量」が実際に創出される与信額の目安になる。「Bの保有する貨幣準備G」が規制する対象は，与信の「金額」ではなく，与信の「期間」である。

　第2の条件は，受信資本による将来の支払約束を与信資本が信用することである。互いに信用し信用される間柄になるには，受信資本Aとしては必ず返済できることを「証明」しなければならない。また，与信資本Bとしてもその証明に疑わしい点がないことを「承認」できなくてはならない。

　この証明と承認の根拠になるのは，返済の直接的源泉としてのAの保有する商品在庫Wであり，これが返済の原資となる「将

第2章　市場組織　　165

来の貨幣」になれるかどうかが、商業信用の成立のカギとなる。これをどのように証明し、またそれをどうやって承認できるかが、商業信用における双方の腕の見せどころとなる。

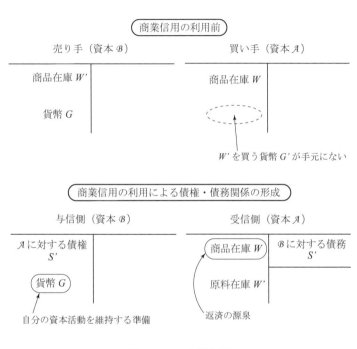

図 3.1.1　商業信用

商業信用に伴う費用　　商業信用の成立条件を満たすには、資本はそれに必要な活動を行い、そのために一定の費用支出が不可欠となる。すでにみたように、通常の現金売買であっても、それを円滑に進めるための流通費用の支出が必要であった（52頁）。商業信用に伴って、流通費用には新たな機能が加わることになる。

ひとつは，基本的に与信資本の負担となる**信用調査費**としての機能である。信用で売るうえで，与信資本は受信資本の将来の返済が確実かどうかをあらかじめ調査する必要がある。調査対象は，受信資本の過去の信用履歴や財務状況など実際には広範囲に及ぶが，基本的に対象となるのは，信用の一次的根拠となる受信資本が抱える商品在庫の販売可能性であり，したがって，その商品種の市場動向が主たるターゲットとなる。

　もっとも，多額の費用を計上しいくら入念に下調べをしても，100％の返済率が保証されるわけではない。流通費用である信用調査費は，その支出額と実際の効果との間に，生産過程のような技術的確定性をもたない。どれだけ支出するかは，結局のところ，与信資本の判断にかかっている。

　またひとつは，**貨幣取扱費**としての機能である。これには，納品書ないし領収書などの発行や貨幣の出納など，通常の現金売買においても必要となる費用が含まれているが，商業信用に伴ってそれに特有の貨幣取扱費も現れることになる。

　後払いの取引は口約束でも成立するが，契約内容を忘れてしまったり，後になって契約内容が相互に食い違っていたりしたら問題となる。そのため，第三者の目にも判別できるかたちで債権債務関係を書類に取りまとめるといった作業がしばしばなされる。また，後払いの取引には，債権を取り立てるための費用や，遠方から返済するための費用など，じつにさまざまな費用が別途かかることになる。商業信用に特有かどうかにかかわらず，これら貨幣の取扱いにかかわるすべての費用を一括して，本書では貨幣取扱費とよぶ。あとでみるように，これら費用支出を伴う個別資本における諸々の業務は，銀行業資本の成立によってそのもとに集中されていくことになる。

第 2 章　市場組織　　167

> ### 商業信用に伴う
> ### 資本投下

以上の費用のほか，商業信用に伴っ
て新たな資本投下もなされる。**不
渡準備**である。信用調査をどれだけ
行っても，支払期日に返済がなされない，つまり不渡りが生じる
可能性はどこまでも残る。いったん不渡りが生じれば，与信資本
はその運動に当然支障をきたすことになるため，これを回避すべ
くあらかじめ不渡りの確率を予想し，それに応じて発生するであ
ろう損失に対応した準備を積み立てておく必要がある。

　ただ，この準備は，不渡りに伴う損失の補塡として使われるこ
とによって，その都度すべてあるいは一部が失われてしまうた
め，継続して補充される必要がある。不渡りのもとをたどれば，
信用調査の甘かった自分に非があるが，直接的には支払約束を守
らなかった受信資本に非はある。したがって，与信資本は信用売
買に先立って一定の不渡準備は自ら積み立てるにしても，実際の
不渡りによって生じる準備の補充分は，信用価格に上乗せするか
たちで受信資本に負担させることができる。どれだけ上乗せさせ
るかは，その時々の市場の動向や与信資本の個別の判断によって
バラツキを含むが，いずれにせよ，信用売買を通じて不渡準備は
継続的に維持されることになる。

― *Column* 手 形 ―

　買い手の将来の支払約束を売り手が信用して成立する商業信用
では，一般的に**手形**が用いられる。

　手形には，①買い手Aによって振り出される，「3か月後に100
万円を支払います」といった内容を示す**約束手形**がある。約束手
形を受け取った売り手Bは，支払期日（満期日）である3か月後
にそれをAに呈示すれば100万円の支払いを受けることができ，

168　　第3篇　機構論

これによって債権債務関係は消滅する。ここで，約束手形を振り出したAを振出人ないし支払人といい，支払いを受けるBを名宛人ないし受取人という。約束手形は一般的に，約手という略称をもつ。

　また手形には，②売り手によって振り出される，「3か月後に100万円を支払ってください」といった内容を示す**為替手形**がある。これもまた，それを受け取った買い手が3か月後に100万円を売り手に支払うことで，債権債務関係は消滅することになる。為替手形は略して，為手という。

　こうした手形は，3者間の取引においても利用することができる。買い手Aから約束手形を受け取った売り手Bは，支払期日までそれを保有する必要はなく，別の主体Cからその約束手形を使って商品を買うことができる。このときBは，「Aが支払えない場合は私が代わりに支払います」といった内容を，Cに譲渡する約束手形に記載および署名することになる。これを手形の**裏書き**という。複数の主体によって裏書きされたものを複名手形，裏書きのないものを単名手形という。

　為替手形もまた，3者間の商業信用に用いられる。主体Yにたいし信用で商品を売った主体Xが，同時に主体Zから信用で同額の商品を買う状況を考えよう。この状況において，Xが保有するYにたいする債権とZにたいする債務は，Yが直接Zに支払うことで消滅できる。まずXが，「私にかわって代金をZへ支払ってください」という内容の為替手形を振り出し，これをYが承諾し引き受ければ，その為替手形をもってXはZからの信用買いが可能となる。このような為替手形を用いた商業信用においては，Xを振出人，Yを引受人ないし支払人，Zを指図人ないし受取人という。これら主体の名称は，約束手形の場合と異なるので注意しよう。

第2章　市場組織　　169

第2節　銀行業資本

商業信用の成立の困難

商業信用の締結には，当事者双方で信用の期間・時機・金額といった内容について一定の合意が必要なうえ，受信資本による将来の支払約束を与信資本が信用できることが必要となる。たとえ双方に動機があっても，それだけでは必ずしも商業信用は成立するわけではない。

この場合，とくにポイントとなるのは，受信資本による将来の支払約束を与信資本が承認できること，言い換えると，受信側の商品在庫が返済期日までに販売されることを与信側が確信できることにある。信用の期間や金額などの条件は，販売が順調で貨幣準備に現在余裕のある個別資本が同一部門内に多数いることからして，満たすことに困難はそれほど大きくない。したがって，これは商業信用の成立条件としてはあくまで形式的なものにすぎない。しかし，こうした形式的な条件を満たせる資本のなかに，受信動機をもつ資本の将来の返済を信用できる資本が必ずいるとは限らない。商業信用が成立するうえでの最大の難所はここにある。

この難所をこえるには，さらなる力が必要となる。ここまで2者間の取引をみてきたが，これでどうにも折り合いがつかないのであれば，第三者の力を借りることにしよう。以下みていくように，この第三者は，受信動機をもつ資本と与信動機をもつ資本との間に入り込むことによって，商業信用の成立を媒介する役割を果たす。商業信用はそのうちから，自身の成立条件の緩和に寄与する新たな信用関係として**銀行信用**を生み出すのである。

170　　第3篇　機構論

銀行信用の原理

受信資本による将来の支払約束を与信資本が信用できないという困難からみて，これを打開するうえでの第三者Xの役割は2つある。

ひとつは，受信動機をもつ資本Aの受信能力の補強である。Aが，与信動機をもつ資本Bから信用で買うためには，自身の商品在庫Wの価値実現が返済期日までに完了することをBに証明できなければならない。この場合Aとしては，Bからの受信能力をもつXにアクセスできれば，この状況を打開するチャンスをつかめる。XがAの申し出に応じるなら，Aは一定の保証料を支払うことで，自身の債務にXによる「Aが期日に支払えない際は，私が代わりに支払います」という支払保証を受けることができ，それをもってBからのW'の信用買いが可能になる。A単独では非力であったBからの受信能力が，Xの介在によって補強される格好となるわけである。Aが支払う保証料は，この補強の対価であり，Xがこうした行動にでる理由もこれを得ることにある。

またひとつは，与信動機をもつ資本Bが行う信用調査の代行である。すでにみたように，信用の根拠は受信側にある商品在庫Wの販売可能性にあり，それを確かめることができるのは信用調査によってであった。しかし，これを与信の際に毎回本格的に行うことは，あとでみるように，個別資本レベルでは大きな費用の負担になる。したがって，Bとしては調査料を支払ってでも，こうした負担を肩代わりし必要な情報を提供してくれる資本，たとえば第三者Xにアクセスしたいと考えるだろう。

ただし，Xから情報のみを買うことにBはもどかしさを覚える。Xからの情報をもとにAに与信したとして，Aが期日に返済できなくてもBはXになんら責任を負わせることはできない。BとしてはXから情報だけを手に入れるだけでなく，Aとの債

第2章　市場組織　171

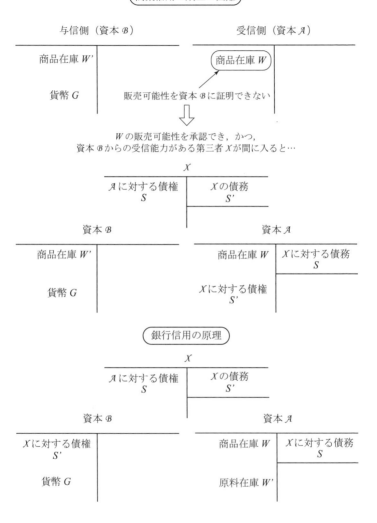

図 3.1.2　銀行信用の原理

権債務関係になんとしても X を引き入れる必要がある。A の債務履行にたいする責任を，はっきりと X に自覚させなければならないわけである。

　たとえば，A が X にたいし，自身の A 債務をそれよりも低い額面の X 債務と交換し，その X 債務をもって B から信用で商品 W' を買うとしよう。ここで，B が受け取る X 債務と，A に直接与信すれば B の手に入った A 債務との差額は，A にたいする支払保証と B にたいする信用調査の代行の 2 つの役割から X のもとにあがってくる粗利潤であり，ここから信用調査費などの諸費用を差し引いた残りが X の純利潤となる。

集中・専業のメリット

　第三者 X が手にする純利潤は，たとえば産業資本として活動する傍ら，たまたま入手した情報を利用して得ることも可能である。また，A にたいする支払保証に際して，本業でも必要となる不渡準備や流通資本を部分的に流用することもできる。もっとも，こうした信用媒介業務は兼業ではなく本業として，集積効果を得つつ，集中的かつ専門的に行わなければ事実上困難である。

　第 1 の困難は，信用調査にかかる費用の負担である。信用調査の対象は受信資本の商品在庫の販売可能性であり，したがって，直接の対象は当該商品種の市場動向である。しかし，たとえその商品種の売れ行きが相対的に好調であることが分かったとしても，受信資本の在庫が捌けるかどうかには不確定性がどこまでもつきまとう。商品種としての売れ行きと個々の商品の売れ行きは一致するわけではないため，本当に知りたい受信資本の在庫の販売可能性は一向に不透明のまま残る。また，信用調査によって最終的に与信に踏み切れればまだよいが，調査した後に結局与信を

第 2 章　市場組織　　173

断念することになれば，その際の費用は掛け捨てになってしまう。

　このように，信用調査費の支出は，個々別々に行うには負担が大きすぎる。これを積極的に支出することができるのは，多数の受信と与信を媒介する業務を集中的・専門的に行う資本に事実上限られる。信用媒介業務に特化することで，この資本はさまざまな情報を入手しそれを再び自身の業務に利用することができるのであり，これは兼業の及ぶところではない。

　第2の困難は，信用媒介業務のために投下する資本の負担である。すでにみたように，2者間の商業信用にあっても，与信資本は不渡りに備えて損失に対応した準備をあらかじめ積み立てておく必要があった。しかし，こうした準備もまた，個々別々になされる限りは大きな負担になる。個別の産業資本にとって，不渡りはたとえ1回であっても，その損失は与信メリットを損なってしまいかねないほどのデメリットをはらむ。また，不渡りの発生を確率的に予測することも，保有する債権が相対的に少なければ困難である。さらに，個別の産業資本に可能なレベルの情報収集にとどまれば，与信にあたって不渡り率も幾分高く見積もらなければならず，またその分は信用価格に上乗せされるため，受信側のメリットをも損なってしまうことになりかねない。

　要するに，個別の産業資本のもとでは，信用に伴って投下される資本の負担は相対的に大きくならざるをえない。信用に伴う準備が有効に機能するのは，結局のところ，多数の受信と与信の媒介を専門的に行う資本をおいてほかにないのである。

　　　　　　　　　　　　　　多数の信用を媒介する資本のもとで
　準備の機能　　　　　　　は，準備は2つの機能をもつことにな
る。ひとつは，自身の債務を履行するための**支払準備**としての機能である。これは受信資本としての立場から必要となる準備であ

174　　第3篇　機構論

り，債務の弁済にあたって貨幣として保有される必要がある。またひとつは，自身の債権が不渡りになった際にその損失を埋め合わせるための**貸倒準備**としての機能である。これは与信資本としての立場から必要とされる準備であり，貨幣でなくとも価値の安定した資産として保有できる。

これら準備は，多数の信用関係を媒介することによって有効に機能することが可能となる。支払準備については，多数の債権を保有することで，その債権の貨幣による回収分をこれにあてることができる。仮に債権と債務それぞれの金額・期限・履行時期が完全にバランスしていれば，究極的には支払準備をもつ必要はない。多数の債権債務関係が交錯している資本のもとでは，このバランスも，個別の産業資本レベルに比べていっそうとりやすくなる。貸倒準備についても，多数の債権を抱えることで，不渡りの確率予測も立ちやすくなるうえ，多数の債権債務関係を処理するなかで手に入れた膨大な情報を利用して，債権取得時に不渡りのおそれの低いより優良な債権を集めることも可能になる。こうして，多数の受信と与信を媒介する業務を専門的に行う資本が自立化することになるのである。

> **銀行業資本の債務**

多数の受信と与信を媒介する業務を専門的に行ううえで資本を投下し，そこに利潤根拠をおく経済主体を**銀行業資本**という。銀行業資本は，自身が保有する貨幣を直接貸し付けるのではなく，受信動機をもつ資本Ａの債務Ｓ（銀行業資本からみればＡにたいする債権Ｓ）を取得し，代わりにその額面以下の自己宛債務Ｓ'（Ａからみれば銀行業資本にたいする債権Ｓ'）を提供するかたちで貸出を行い，それをもって市場における信用取引の媒介を果たしている。この信用媒介業務こそが銀行業資本における活動のコア

第2章　市場組織　175

であり，その他諸々の業務は概ねこれを軸に展開される。

　なお，信用媒介業務を通じてなされる，将来の支払約束に基づく現在の購買力の創出を**信用創造**という。受信動機をもつ資本Aにたいし銀行業資本が提供する現在の購買力は，Aが返済期日までに自身の商品在庫の販売をもって形成する「将来の貨幣」を引き当てに創出されている。この意味で，将来の支払約束に基づき現在の商品売買がなされる商業信用にもまた，信用創造の機能が含まれる。

　ところで，受信動機をもつ資本Aにとって取得する銀行債務S'は，与信動機をもつ資本Bが受け取ってくれさえすれば形式を問う必要はない。これにたいしBとしては，(1) 追加的な収入というもともとの与信動機を満たしたい，(2) 受け取った銀行債務を次の支払いに用いたい，という2つの願望が存在する。

　Bの願望 (1) を満たすには，Aは自身の債務と引き換えに，銀行業資本から支払期限のある有期の債務を取得する必要がある。有期債務であれば，支払期限のない無期債務にたいし，それを保持することで利子収入をあげることができる。商業信用における与信動機の基礎にあった相対的に過剰な貨幣準備が，これによって実質的に転用されることになるのである。

　これにたいし，Bの願望 (2) を満たすには，Aは銀行業資本の無期債務を取得する必要がある。所持人がその履行をもっていつでも支払いを請求できる，いわゆる持参人・一覧払いの債務は，支払いに便利であり相対的に流通性が高い。Bとしてもすでに次の資本Cからの信用買いが見込まれているのであれば，Aから受け取る銀行債務は，たとえ利子という追加的な収入を得られずとも，Cが受け取りやすい持参人・一覧払いの形式が望ましいであろう。

与信活動の効率化

こうした与信資本Bの願望は，支払準備の負担を軽減し与信活動の拡張および効率化を図りたいという，銀行業資本側の願望によって受け止められる。無期債務は流通性が高いことから，それを創出した銀行業資本の経営状況に疑いの目が向けられないかぎり，ある一定量は支払請求を受けることなく市場に滞留することになる。銀行業資本の債務全体に占める債務履行猶予部分がこれによって増すことで，債務履行のための支払準備の負担を軽減することが可能となる。

また，有期債務も銀行業資本の願望に寄与する。一定の期間，債務履行を猶予できることから，有期債務は銀行業資本の支払準備を補強・効率化し，それをもって与信活動の拡張に寄与する。

これは次のことから理解できよう。支払期限の有無にかかわらず，銀行業資本の自己宛債務による貸出は，銀行債務の所持人＝銀行業資本にたいする与信者と同時に，銀行業資本に貨幣を預託する主体を生み出す。すなわち，一覧払債務がその履行によって直ちに貨幣を入手できることは，裏を返せば，その入手できるはずの貨幣が実質的に銀行業資本に預託されていることを示している。これは有期債務にもあてはまる。有期債務の所持は，ある一定期間における貨幣支払請求の猶予を意味すると同時に，当該債務に対応した貨幣額がその一定期間預託されていることを意味する。

期間の有無にかかわらず銀行債務を受領および所持することは，要するに，所持人が貨幣をその銀行業資本に実質的に預託していることと同義である。銀行業資本の自己宛債務による与信は，それと同時に銀行業資本にたいする貨幣預託を生み出す。銀行業資本が保有する有期債務は，したがって，預託された貨幣の一定期間の確定的滞留をもって支払準備を強化し，与信活動の拡

張に寄与するのである。

銀行業資本の利潤率

銀行業資本の活動も産業資本と同様，純利潤率の最大化を目的に繰り広げられる。銀行業資本の利潤は，保有・集積する債権に源泉をもつ。ある期間，債権・債務総額，貸出利子率および有期債務の利子率がそれぞれ一定と仮定すると，まずこの期間の債権からあがる収入総額 α は，*債権総額×貸出利子率*，と表される。これにたいし，この期間の債務から派生する支払総額 β は，*有期債務総額×有期債務の利子率*，となる。したがって，単純化した銀行業資本の粗利潤は，$\alpha - \beta$ として表される。

銀行業資本の粗利潤のコアはこれにあるが，他にも貨幣出納や証書の発行など，個々別々に資本が行う貨幣取扱業務の集中的な代行によってあがる手数料収入もある。ここから貨幣取扱業務にかかる費用を差し引いた額 γ もまた粗利潤に含まれるため，$\alpha - \beta + \gamma$ として粗利潤は表されることになる

ここから純利潤を示すには，まず信用媒介業務の効率化のために支出される流通費用 k を控除する必要がある。銀行業資本は，優良な債権を取得するうえで信用調査を実施するとともに，与信の際に発行する銀行債務の流通性を高めようとさまざまな技術的工夫を図る。これらの業務にかかる費用は一様に流通費用として括られ，粗利潤から控除される。

さらにここから，貸倒損失額 d も控除する必要がある。どれだけ精緻に信用調査をしても，債権のなかには貸倒れが部分的にでてくる。これが最終的に回収困難な不良債権と化してしまえば，この損失額もまた粗利潤から控除されることになる。

したがって，銀行業資本の純利潤は，粗利潤（$\alpha - \beta + \gamma$）－控除総額（$k + d$）として表される。この純利潤を得るために，

銀行業資本は自己資本を投下する。これは主として，不良債権を埋め合わせる貸倒準備をコアに構成される。

　以上のことから，銀行業資本の純利潤率は次のように表される。

$$純利潤率 = \frac{粗利潤\,(\alpha - \beta + \gamma) - 控除総額\,(k + d)}{自己資本}$$

　この純利潤率において，粗利潤，控除総額，自己資本，それぞれの間に生産技術的な確定性はない。信用調査にいくら費用を支出しようと，債権がそれだけ多く取得できるわけではない。自己資本を増大させてもこれは同様である。銀行業資本による債権の取得は，基本的に受信要請があってはじめて可能になる。銀行業資本に自力で債権を増大する術は，基本的には与えられていない。

利子率の水準

　一般商品の価格水準は，市場における需要と供給の関係とは無関係に生産価格として決定される。これにたいし，銀行業資本は，産業資本における生産価格に相当するものをもたない。ただし，利子率の水準もまた，資金の需給関係に還元できない独自の決定原理をもつ。

　銀行業が他の業種に匹敵する利潤の取得根拠をもつようになれば，多数の資本がこの部門に参入することになり，産業部門および銀行業部門をまたぐ資本の競争が開始される。このような異業種間の資本移動を含む競争の過程において，銀行業資本の利潤率には社会的再生産を基礎とする一般的利潤率の規制が浸透することになる。

　利子率の水準は，この一般的利潤率の規制下における競争のな

かで決まってくる。銀行業資本の債権・債務と，自己資本や流通
費用などとの間には技術的な確定性はない。だが，このことは，
それぞれの間の関連性までをも否定するものではない。純利潤率
を高めるとはいえ，資本間に競争があるかぎり，ある債権・債務
にたいして自己資本 P や流通費用 k，貸倒損失額 d を際限なく圧
縮することはできない。ここで，債権・債務と $P \cdot k \cdot d$ との間
に一定の比率があると仮定すると，銀行業資本における利潤率と
利子率との間には一定の関連を認めることができる。一般的利潤
率が銀行業資本の利潤率を規制する過程において，利子率の水準
が間接的に決定されることになるのである。

銀行業組織　　　　　以上のような利潤率と利子率の決定
原理をもって，銀行業資本間の競争
は十全に展開されることになる。もっとも，競争関係にある産業
資本間にあって組織化が認められたように，銀行業資本間の競争
もまた組織化をそのうちに含みながら展開されることになる。

　銀行業資本間の組織化を推し進める主たる動因は，不断に過不
足を繰り返す支払準備の調整および効率化にある。自己宛債務を
もって貸出を行う銀行業資本は，将来の債務履行に備えてある一
定量の支払準備を積む必要がある。しかしこれは，産業資本にお
ける流通資本と同様，どれだけの量を準備しておくかについて客
観的な基準が存在しない。したがって，その時々の受信・与信の
状況に応じて不断に過不足を繰り返すことになる。

　こうした支払準備の過不足は，**銀行業組織**の構築によって調整
されていくことになる。準備が不足した際に受信によって調達で
きる関係をあらかじめ他の銀行業資本と構築しておけば，経験的
に予測される妥当な水準に支払準備率を再設定し，それをこえた
債務履行請求があった際には受信によって準備を調達するといっ

た効率化が可能になる。このような関係はまた，与信量にたいし支払準備が相対的に過剰となった際にも，その効率的運用を可能にする有利な与信先を潜在的に用意するものとなろう。

さらに，銀行業組織の構築は相互に債務を授受するものであることから，個々の銀行業資本によって創出される自己宛債務の流通圏の拡大を促すことになる。流通圏の拡大に伴って，銀行業資本間の債権・債務の決済も複雑化することから，その効率化を図ることも課題になろう。これには，ある特定の銀行業資本のもとで個々の銀行業資本の決済を集中的に行う方法や，個々の銀行業資本が一堂に会し一斉に決済を行う方法などが考えられる。また，与信の際の信用調査についても，銀行業組織を基礎に効率化が図られることになろう。

このように，銀行業資本の組織化は，個々の活動では図ることが困難な信用媒介業務のさらなる効率化および拡張を可能にする。もっとも，銀行業組織がどのようなかたちをとって現われるかについては，原理的に特定できない。銀行業組織の構築が個々の銀行業資本の利潤率増進活動にプラスにはたらくことは推論可能だが，これは銀行業組織がある特定のかたちに必然的に収束することを説明するものではない。他の市場組織と同様，外的条件に応じた変容の可能性を，銀行業組織も原理的に有している。

Column　銀行債務と貨幣

　商業信用と同様に，銀行信用でも手形が用いられる。銀行の振り出す手形のうち，整数額面の持参人・一覧払いのものが**銀行券**である。銀行は，受信を望む主体 A から手形を取得し，代わりにその額面以下の銀行券の発行をもって貸出を行う。これを**手形割引**といい，差額を**割引料**という。この割引料が，銀行利潤のコアをなす利子に相当する。

こうした割引は、銀行券ではなく、**当座預金**を利用しても行われる。銀行は、銀行券を受け渡すかわりに、Aにたいし当座預金口座を開設し、その口座に銀行券で受け渡すはずだった額と同額の記帳をもって貸出を行うことができる。このような貸出の形式は、**預金設定**といわれる。

また、Aは当座預金をもつことによって、貨幣を直接に受け渡すのではなく、銀行券と同じ持参人・一覧払いの性質をもつ**小切手**の振り出しをもって、他の主体Bから商品を買うことが可能となる。Bが受け取った小切手を銀行に持参すると、Aの当座預金から支払いがなされ決済は完了する。なお、小切手の金額が当座預金の残高をこえてしまった場合に、銀行がAとの事前の契約にもとづいて残高を増やし、決済を完了させることもある。このような形式の銀行の貸出は、**当座貸越**とよばれる。

ところで、本文でもみたように、銀行債務の受領とその銀行業資本への貨幣預託は同義であった。このことは、ある銀行債務を受領する主体においては、貨幣とその銀行債務が無差別であることを示している。したがって、仮に市場で活動するすべての経済主体がある特定の銀行業資本の債務を受領することになれば、貨幣とその銀行債務がまったく同質なものとして市場に現れることを意味しよう。

もっとも、分散的に活動するかぎりでは、個々の銀行業資本の債務の流通圏は比較的狭い範囲に限定されるため、銀行債務と貨幣との同質化も部分的なものにとどまらざるをえない。これにたいし、銀行業組織の構築は、個々の銀行業資本間の相互的な債務の授受を通じて、個々の銀行債務の流通圏を飛躍的に拡大し、社会的再生産過程における銀行債務と貨幣との同質化を強力に推し進めていくことになる。なお、銀行間の債務授受は、現実には、**インターバンク市場**（コール市場や手形売買市場を含む）や**手形交換所**といった水平的な関係によって、また同時に、**中央銀行**を最後の貸し手として構築される垂直的な**再割引**関係によって図られている。

いま仮に，銀行業資本間の組織化が社会的再生産の全体を覆うまでに進展し，すべての経済主体がある特定の銀行債務を授受する状況が現れるとすれば，銀行債務と貨幣との同質化が市場において全面化することが想定される。ここには，すべての主体が銀行債務の履行を求める必要がなくなっているという意味で，銀行債務の貨幣化の原理的な可能性が胚胎する。今日一般的に流通している，貨幣に交換できるという意味の兌換性を失った銀行券は，**不換銀行券**とよばれる。

第3節　商業資本

産業資本の2つの動機

生産活動の継続を前提とする産業資本は，販売期間の不確定な変動を要因とする貨幣準備の過不足に，一方では値引き販売や信用買いといった事後的処理をもって，他方では他の産業資本との組織化による事前的対処をもって，それぞれ対応することになった。

だが，これらはいずれも販売過程に対応するものではあっても，産業資本のもとから販売過程そのものを消去するものではない。生産過程に利潤取得の足場を設けたいと考える産業資本は，連続的な生産の妨げとなる不確定な販売過程を運動のうちから外部に押し出したいという動機をもつ。

もっとも，産業資本には固定資本の存在ゆえに資本移動が困難になるという，もうひとつの制約があった。この困難を重くみる産業資本は，資本移動の妨げとなる生産過程をその運動のうちから取り除きたいという動機をもつ。

産業資本に潜在する対極的な2つの動機は，ここから新たな市場組織を生み出すことになる。

商業資本の発生根拠

資本主義的な社会的再生産の過程において，流通過程に特化し，商品売買に主たる利潤根拠をおく経済主体を**商業資本**という。商業資本の存在を立証するには，なによりもまず利潤の取得根拠を明らかにする必要がある。これを論理的に説明できれば，その活動に資本が投下され，その市場領域もまた利潤率増進を図る資本を軸に展開されることになる。

商品売買を通じて，商業資本のもとに，いかにして利潤が確保されるのだろうか。産業資本において，仮に生産物が即座に売れる，つまり販売期間がゼロになれば，流通資本および流通費用は必要なくなり，それだけ純利潤率にはプラスの力がはたらくことになる。したがって，いま即座に商品を買い取ってくれる資本 X が現れたとすれば，多数の産業資本が X のもとに殺到し，その競争の圧力によって売渡価格 P_1 は当初の販売価格 P_2 よりも下がり，マージン $= P_2 - P_1$ が発生することになる。

X がこのマージンを得るには，まず転売する商品を買うために自己資本を投下し，あわせて商品売買に伴う流通費用を支出しなければならない。X にあがる純利潤は，したがって，マージン総額から流通費用を控除した額となり，これを投下資本で除した値が X の純利潤率となる。転売過程において発生するマージンを主たる利潤根拠とする資本 X が商業資本である。

$$
純利潤率 = \frac{（マージン総額 - 流通費用）}{投下資本}
$$

なお，商業資本の発生を通じて販売過程を運動の外部に押し出した，あるいは押し出すオプションを手にした産業資本は，これによって生産過程に特化可能な資本へと変容することになる。こ

こまで，流通過程と生産過程にまたがって運動する経済主体を産業資本とよんできたが，以下，生産過程に特化可能な経済主体を指して産業資本とよぶ。

> **商業資本の特性**

流通過程に特化する商業資本には，固定資本をもつ産業資本にはみられない固有の特性が存在する。

第1に，商業資本には購買する商品種に制約がない。転売によってマージンを得ることさえできれば，商業資本はどのような商品種であっても取扱い可能である。このことは商業資本にあって，流通費用が本来的にもつ汎用性が生かされることを意味する。市場調査などに支出される流通費用は，特定の商品種に限って効果をもつわけではない。それはさまざまな商品種を取扱ううえで有効に機能する。商業資本のもとでは，単一の商品種を生産・販売する産業資本には果たせない，独自の流通費用の効率化が図られるといえよう。

第2に，商業資本はどのような商品種も買えるだけでなく，どのような売買の仕方も可能である。すなわち，(1) 同一産業部門において活動する多数の産業資本から「集中」して買うことができる。また，(2) 生産過程をもたない商業資本は同一の資本と売り買いが可能であることから，川上から川下へと至る生産系列を「連結」するかたちで売買を展開することができる。さらに，(3) 異なる複数の産業部門間にわたって，さまざまな商品種を「統合」して買うことができる。現実の流通領域において現れるさまざまな業態の基礎は，こうした商業資本における売買の特性にあるといえよう。

第3に，商業資本は取扱商品種を基本的には即座に入れ替えることができる。自身が取扱っていない商品種の売れ行きが好調で

第2章　市場組織　185

あれば，すぐにそれを取扱うこともできるし，反対に売れ行きが鈍化すれば，取扱いをすぐにやめることにもまた制約はない。基本的にはマージンを多く得ることのできる商品種を取扱うかたちで，商業資本間の競争は展開されることになる。

組織化の動機　商業資本はこのような特性をうまく生かしながら，商品の売買を通じて利潤を獲得していく。生産過程に特化した産業資本にとっても商業資本への販売は，流通資本および流通費用の削減という新たなメリットを生み出すものとなる。買い手・売り手双方にメリットが存在する以上，こうした売買関係はさまざまな資本によって利用され，市場にひろがっていくこととなろう。

　もっとも，こうした売買関係が可能となっても，必ずしも双方がメリットを確実に享受できるわけではない。買い手側の商業資本にとっては，当然他の商業資本との競争が存在するため，産業資本間の競争圧力によって買取価格がたとえ下落しようとも，買いたい時に常時即座に安く買い取れるわけではない。また，たとえ買い取れたにせよ，その場合の買取価格には，原価めがけて価格を引き下げる値引き販売を別にしても，一定の下限がある。安く買うことに利潤根拠をおく商業資本にとってさらなる利潤率の増進を追求するには，したがって，この下限をさらに引き下げる必要があろう。

　売り手側の産業資本にとってもまた，こうした売買関係には問題が残る。すでにみたように，産業資本において投下流通資本量の水準引き下げがなされるには，それを可能にする予想流通期間の短縮が必要であり，その前提として販売期間の確定化が不可欠となる（158頁）。したがって，商業資本との売買関係のうちにこの条件を担保しうる，たとえば取引関係に連続性をもたせるよ

う一定の契約期間の設定や取引中止の事前通達などの工夫をあらかじめ織り込んでおくことが必要となる。売り手側の産業資本がメリットを確実に享受するには，要するに，商業資本との間で組織化する必要がでてくるわけである。

委譲・代位関係

こうして市場には，取引関係に特別な工夫を凝らさない単なる売買関係とは区別された，産業資本と商業資本との組織化，すなわち**委譲・代位関係**が現れることになる。組織化を通じて販売過程を委譲する側の産業資本は販売期間を確定できるため，その間は流通資本の削減が可能になる。また，販売過程を代位する側の商業資本にとっても組織化は，相場以下の価格での安定的な買取りを保証するうえ，たんなる売買関係では困難であった買取価格のさらなる引き下げが可能になる。組織化は委譲側に流通資本の削減メリットを付与することになるため，産業資本による売渡価格のさらなる引き下げの根拠は存在する。このように，委譲側および代位側ともにメリットを享受できることから，市場には委譲・代位関係がひろく展開されることになるのである。

ただし，こうした委譲・代位関係にあっても，産業資本間の組織化と同様（159頁），その構築に二の足を踏ませるデメリットが含まれている。代位側の商業資本にあって組織化は，取扱商品種の幅を相対的に狭めるものであると同時に，組織化による取扱商品種の固定化は，値下がりした商品に即座に買い向かうといった機会主義的な行動を制約するものとなる。また，委譲側の産業資本にとっても組織化は，有利な販売機会への即応を抑制する負の効果をもつ。

このことから市場には，産業資本と委譲・代位関係を構築することによって相対的に安定的な利潤率増進を図る商業資本が現れ

第2章　市場組織　187

る一方，他方では組織化のデメリットを牽制し，個々分散的に機会主義的な行動をもって利潤率増進を図る商業資本が現れることになる。商業資本は自身の特性を生かした利潤率増進を図るかどうかを常に勘案しつつ，他の資本との競争を展開するのである。

委譲・代位関係の固有性

商業資本および生産過程に特化可能な産業資本が発生する基礎には，産業資本間の組織化によって現れる産業組織が存在した。商業資本と産業資本との委譲・代位関係は，この産業組織がひろくみられる市場を基盤に現れる。

産業資本間における現金および信用取引に基づく組織化は，売買当事者双方に投下流通資本の削減を図るうえでの安定性を付与するものであった。したがって，仮に組織化が全面化すれば，市場で活動するすべての産業資本はこの安定性を享受できることになる。

もっとも，この意味の安定性はみな同一の原理によって成り立っているわけではない。継続的取引に代表される形式の組織化が（158－159頁），売り手側に販売期間の確定化に基づく安定性を付与する一方，将来の販売遅滞時の受信を事前に確保するかたちでの組織化は（163－164頁），この安定性を買い手側にもたらすものであれ，これは販売期間の確定化に基礎をおくものではない。販売期間はあくまで不確定のまま安定性を確保できる点に，商業信用に基づく組織化のポイントはある。

以上のことは，委譲・代位関係の固有性がいかなる点にあるかを示唆している。たとえすべての産業資本が組織化してもなお，生活物資の購買主体としての個人，すなわち最終消費者に直接販売する産業資本は販売期間を確定できない。この最大の原因は，最終消費者ないしその集合としての生活過程の特異性にある。生

188　第3篇　機構論

産技術的に購買すべき商品種が決定している産業資本にたいし，最終消費者にはそうした決定は存在しない。購買対象が生活物資のみであるとはいえ，そのうちどの商品種を買うかには，個別主体間あるいは個々の主体においてもバラツキが認められる。最終消費者が必ずしも同一商品種を継続的あるいは大量に買うわけではないことは，資本と最終消費者との組織化が理論的にみて困難であることを示していよう。

こうした最終消費者ないし生活過程の特異性に鑑みると，委譲・代位関係の固有性は，資本間の市場領域にではなく，資本と最終消費者との間の市場領域にこそ認められることになる。前者の市場領域を**商業流通**，後者の市場領域を**一般的流通**という。商業資本は一般的流通に入り込むことで，販売期間を確定できない産業資本に委譲・代位関係という新たなオプションを付与するものとなる。生活過程に直に接する産業資本が販売期間を確定できる可能性をもつことで，すべての産業資本が販売期間の確定化に基づく安定性を享受することが可能となる。産業組織にたいする委譲・代位関係の固有性は，この点に認められる。

> **不確定性の代位**

一般的流通における商業資本の活動は，最終消費者に販売する産業資本にたいし組織化に基づく販売期間の確定化をもたらす。この一方，商業資本にとって販売過程の代位は，同時に販売期間の不確定性の代位ともなる。産業組織および委譲・代位関係の存在を考慮した場合，したがって，販売期間の不確定性は一般的流通において活動する商業資本のもと集中的に現れることになる。

販売期間の不確定性は，商業資本にとっては一般的に超過利潤の源泉となりうる一方，一般的流通において委譲・代位関係を構築する商業資本には負の効果をもたらす側面をもつ。委譲・代位

第2章　市場組織　189

関係のデメリットとしてみたように（187頁），組織化によって代位側の商業資本には，取扱商品種の幅の狭小化および取扱商品種の固定化という，リスク分散を困難にするデメリットがもたらされる。これは商業資本の特性を部分的にではあれ犠牲にするものであり，これによって売れ行きの好調な商品種の取扱いをもって利潤をあげるといった活動は制約されることになる。

　このことは，委譲・代位関係のもとでの取扱商品種の売れ行き次第では，商業資本に大きなリスクをもたらすことになろう。最終消費者の購買の特異性によって，生活過程においては個々の商品種間に需要のバラツキが必然的に認められることになる。ここで仮に，取扱商品種の売れ行きが鈍化した場合，委譲・代位関係の構築によってリスク分散が困難な商業資本のもとでは在庫の積み増しが現れる。委譲・代位関係のデメリットが現実化することになるのである。

> **分散化の圧力**

　以上の，最終消費者ないし生活過程の特異性を根本的契機として，また商業資本に負荷される委譲・代位関係のデメリットを直接的契機として，一般的流通には以下の2つの圧力がかかることになる。

　ひとつは，委譲・代位関係の解消，つまり分散化の圧力である。一般的流通における委譲・代位関係の構築が商業資本にとって大きな危険をはらむと判断されれば，この関係を解消し販売過程を押し戻すことが，組織化のデメリットを消去する最もシンプルな方法となろう。商業資本の特性はこれによって回復され，ここから分散化のメリットを生かした利潤率増進活動が可能になる。

　ただし，委譲・代位関係の解消は当然，相場以下の価格での安定的な仕入れ，卸値の引き下げといったメリットを商業資本から

奪うことになる。産業資本との組織化にデメリットが含まれていた一方，分散化にもまたそれ相応のデメリットが含まれている。組織化と分散化のジレンマが，一般的流通で活動する商業資本のもと現れることになるのである。

> **商業組織**

一般的流通にかかるまたひとつの圧力は，組織化と分散化それぞれのメリットを両立させる，新たな組織化の圧力である。取扱商品種の狭小化および固定化という委譲・代位関係のデメリットを無効化するには，その条件として，異なる商品種間に現れる需要のバラツキへの弾力的な対応能力がなんらかのかたちで担保される必要がある。言い換えると，委譲・代位関係を維持した状態で，商業資本の特性を回復させるなんらかの仕組みが必要となる。産業資本との関係でこの条件が満たせないのであれば，指名されるべきは商業資本をおいてほかはない。

商業組織はこの条件を満たすものとして，一般的流通に現れる可能性をもつ。委譲・代位関係によって取扱商品種が狭小化・固定化するにしても，複数の商業資本間で，たとえば日常的な相互的売買関係を構築し互いに在庫の組み換えを図ったり，あるいは将来の販売遅滞時における買取契約をあらかじめ締結しておくなどすれば，実質的に委譲・代位関係のデメリットを相対化することが可能となる。また，仕入れを他の商業資本と一括するといったかたちの結びつきもまた，委譲・代位関係のデメリットを担保するうえで有効であろう。

もっとも，商業組織もまた，いかなるかたちをとるかは原理的に特定できない。ここで確認できるのは，(1) 最終消費者の購買ないし生活過程の特異性を根本的契機として，また委譲・代位関係のデメリットを直接的契機として，一般的流通には一方で分散

第2章　市場組織　191

化の圧力が，他方では産業資本と商業資本との関係から商業資本間の関係にまで発展していく組織化の圧力が認められることであり，(2) こうした対極的な 2 つの圧力に外的条件としての制度や慣習がかみ合うことで，一般的流通の姿かたちに変容が引き起こされるということである。

また，商業組織のひろがりこそが，一般的流通で活動する産業資本に，委譲・代位関係に基づく安定性を確保するポイントとなっていることからは，(3) 仮に分散化の圧力が極めて強まれば，販売期間の不確定性が産業資本に回帰する事態も十分に想定される。こうした産業資本における負荷を重視するならば，したがって，(4) 一般的流通への固定資本投下は商業組織の展開を前提としてなされるという，産業資本を出発点に商業組織を導出してきた本章の論理展開とは逆向きの見方もまた，原理的には可能となろう。

Column 商業組織

近年，マルクス経済学においても商業組織が理論的な分析対象にのぼってきたが，なかでも商業経済論とよばれる研究潮流では以前より，(1) 商業資本の段階分化，(2) 商品取引所など，商業組織論として括ることのできる研究が盛んにおこなわれてきた。

(1) **商業資本の段階分化**とは，簡潔にいえば，商業資本が**小売商**と**卸売商**とに分化することを指す。一般に，最終消費者へ直接販売する商業資本は小売商，それ以外の生産や転売を目的とする買い手にたいし販売する商業資本は卸売商とよばれる。商業経済論ではこの両者への分化の理論的原因が，小売商の本来的特質と商業資本の自立化の根拠との矛盾に求められている。

すなわち，最終消費者は，「小規模性」（少量ずつ必要に応じ買う），「分散性」（地理的に散らばっている），「個別性」（商品への

192　第 3 篇　機構論

選好は人によってバラつく）といった特徴をもつ。こうした最終消費者の特徴に対応して，小売商もまた小規模なものが多数散在することになる。だが，本来の商業資本の自立化の根拠からすれば，種々の費用節減を可能にする大規模経営のほうが望ましい。ここに現われる矛盾を解決するために，小売商と大規模な卸売商との段階分化が起こる——と説明される。

このような研究は，現時点からみて，マルクス経済学では正面切って問題とされてこなかった商業組織および最終消費者の存在を理論的に把握しようとしている点に意義をもつ。しかしながら，本文で述べたように，商業組織がどのようなかたちをとるかは理論的に特定できない。段階分化は現実にも認められる商業組織のひとつの型ではあるが，経済原論の一角としての商業組織論の課題は，これを含む商業領域の変容の契機を明らかにすることにある。具体的な商業組織の型をむしろ問題にしないことにこそ，原理論として商業組織論を展開する意義が求められるのである。

（2）**商品取引所**とは，大規模かつ集中的に，標準化された商品の先物取引が行われる取引所を指す。将来の一定の期日になされる商品売買を，現時点において価格と取引量を決めて行う取引が，いわゆる**先物取引**（futures）である。たとえば，小麦1トンを1年後に100万円で買う約束を現時点で取り決めたとする。もし，1年後に小麦1トンの現在価格が120万円になると，先物買いによって20万円ほど安く買うことができたといえる。もっとも先物取引では，期日が来る前に反対売買によって買いと売りとの差額を決済し（差金決済という），取引を終えることも可能である。このため先物取引は，しばしば投機の対象ともなっている。

こうした先物取引は，貴金属や石油，農産物などの商品（一般に，コモディティとよばれる）にくわえ，債券や株価指数などの金融商品をも対象に，実際には行われている。なお，先物取引は取引所を通じて行う定型的な取引であるが，当事者が相対で行う場合は，**先渡取引**（forward）といわれる。

ところで，本文では明示しなかったが，本書では先物ないし先

第2章　市場組織　193

渡取引に関しては事実上，組織化を論じる際に理論的に踏み込んでいる。一形式としてとりあげた継続的な取引関係を思い出してもらいたい。そこでは，現在売り手が抱えている商品在庫だけでなく，現在生産中ないし生産予定の将来の商品在庫の買取りが，現在時点で事実上行われることになっている。つまり，将来起こりうる事態への事前的な対処としての組織化は，将来の商品を現時点で買い付ける先物ないし先渡取引の原理を本来的に兼ね備えている。

ただし，組織化に先物取引の原理が含まれるといっても，これはあくまで一般的な意味での先物取引であって，先物取引そのものが経済原論のもと十全に明らかにされているわけではない。数多いる学者のなかには，先物取引は商品の貸借として理解すべきと難しいことを言う人もいる。興味がある人はこの意味を考えてみよう。

なお，商品取引所に関しても，多数の資本と組織化する商業資本を抽象化して考えることで，一部理論的に把握することもできる。商業資本は生産過程をもたないため，同一資本との売り買いが可能である。そのため，商業資本が絡む組織化は，売りあるいは買いが一方的になされるわけではなく，同一資本との相互的な売り買いが含まれることになる。このような相互的な売買関係としての組織化にあっては，決済も売買の都度行うのではなく，一定の期日を取り決めて差額のみを精算すれば貨幣取扱費用も少なく済む。また，うえでみたように，組織化にはそもそも先物取引の原理が含まれていた。

したがって，多数の資本と組織的関係性をもつ，その意味で相対的に大規模な商業資本は，先物取引が大規模かつ集中的に行われる商品取引所の機能を実質的に担っているという見方もできる。ここからさらに，商業資本が何でも扱えることを加味して類推すると，証券市場や労働市場と商業資本との理論的関連を探っていくことも可能であろう。

いずれにせよ，具体的な商業組織の型は問題にならないという

立場から，本文ではあえてふれなかったが，マルクス経済学の理論は思った以上に射程がひろいことは覚えておいてほしい。

第4節　株式資本

資本結合

　商業資本の発生によって，産業資本における不確定な販売期間による制約はひとまず断ち切られることになった。また，この一方で，銀行業資本や商業資本といった流通過程に特化する経済主体の発生によって，産業資本には生産過程を運動から排し流通過程に特化するというオプションが与えられることになった。このことは，固定資本の存在による資本移動の困難という，もうひとつの制約を断ち切る可能性が，産業資本に与えられたことを意味している。

　ただしこれは，生産過程そのものを外部に排すかたちをとるのであって，固定資本による制約を生産過程を保持した状態のまま断ち切るものではない。産業資本における固定資本の制約は，いまだ部分的に，あくまで可能性として克服されたにすぎない。

　もっとも，これを克服する方法を，産業資本は本来的に兼ね備えている。第1篇でみたように，複数の経済主体がそれぞれ資本を拠出し，一体の資本として運動する結合資本がそれである（53頁）。組織が資本の結合を必要としない個別資本間の結びつきであるのにたいして，結合資本は文字通り，複数の経済主体が各々の資本を結合する**資本結合**によって現れる。以下みるように，産業資本は資本結合を通じて，生産過程を保持したまま，固定資本による制約を断ち切っていくことになる。

第2章　市場組織　　195

資本結合の動機

現在の純利潤率が相対的に低いあるいは将来的に低くなると予想される部門で活動する産業資本は，より高い純利潤率を求め他部門への資本移動を望む。しかし，現在保有する固定資本の償却を終えない限り，他部門への資本移動には困難が残る。純利潤率が低位であるにもかかわらず，産業資本は生産を継続したまま，固定資本の償却が終わるのを基本的には待つほかないのである。

ここに資本結合へのひとつの動機が認められる。望んだ資本移動先部門の産業資本と自らの資本を結合することによって，固定資本の償却を終えるより先に，部分的にではあれ他部門への資本移動が可能になる。現在の状態のままでは比較的長期に遊休するほかなかった固定資本の償却資金や蓄積資金も，資本結合を通じて速やかに資本として投下する可能性が開かれる。また，同一部門への資本移動を望む複数の産業資本同士の資本結合によっても同様に，資本移動の困難および長期資金の遊休というマイナス要因は取り除かれることになる。

なお，こうした資本結合は，生産規模の拡大においても力を発揮する。現在の純利潤率が相対的に高いあるいは将来的に高くなると予想される部門であれば，産業資本はさらなる純利潤率の増進を目指し，生産規模の拡大を望む。ただし，これは当然，固定資本部分への資本投下が必要になるが，これを個別に行うにはそれ相応の時間がかかるため，利潤獲得の機会をみすみす逃しかねない。そのうえ，固定資本の償却資金や蓄積資金といった長期の利用が可能な資金もまた，その間遊休せざるをえない。

ここに資本結合へのまたひとつの動機が認められる。同部門内に，同じように生産拡大を望む産業資本があれば，あるいは当該部門への資本移動を望む産業資本があれば，そうした資本との結合によって長期資金を迅速に資本として投下できるうえ，生産規

模の拡大も早期に図ることが可能となる。資本結合はこうした迅速な生産拡大および長期資金の遊休回避に力を発揮すると同時に、個別資本の資本規模の限界を超えた生産拡大を可能にするのである。

持分の商品化

資本結合は以上の動機をもってなされるが、それが結合資本として継続的に運動していくためには、そこに参加する産業資本間での意志の統一が不可欠となる。したがって、結合資本に参加した後に再度資本の投下部門の変更を望むものが現れる場合、あるいは結合資本としての経営方針に不満をもつものが現れる場合などがあれば、資本結合は解消へと向かうことになる。

このとき、結合資本からの離脱は、結合資本にたいする持分が他人への譲渡可能な形式をもって商品化されたうえで、その売買を通じて可能となる。ここでの売り手には、結合資本からの離脱を望む産業資本が、また買い手となるのは、その結合資本への参加を新たに望むものや、その結合資本にたいする持分の増加を望むもの、あるいはその売買を通じた差益を目的とするものなどが想定されよう。

長期の信用

以上のように、資本結合はひとまず他の市場組織を前提することなく、資本に本来的な結合のあり方として市場に現れる。もっとも、このようにして現れる資本結合は同時に、信用を利用することでは果たせない利潤率増進の新たな方法を個々の資本に提供するものとなる。

すでにみたように、産業資本はその運動において長期の資金を必然的に形成する。こうした長期資金はその保有者に、リスクが

第2章　市場組織　197

たとえ高くとも，短期ではなく長期の運用を通じてより高い利潤を生みだす機会を与える。短期の貨幣資本とは異なる，長期資金としての特徴を生かした運用動機がここに生じることになる。

　他方で，長期資金の調達動機も存在する。うえでみたように，早期の資本移動あるいは生産拡張および固定資本の増強にたいする動機などがそれである。長期資金にたいする運用動機と調達動機をそれぞれもつ産業資本が市場には複数存在することから，ここに直接貸付も含む，長期の信用関係が締結される可能性が現れることになる。

　しかし，長期の信用関係にたいする動機があるとはいえ，その実現には問題が残る。数年にわたる巨額の固定資本投下にたいする信用供与は，短期のそれに比べ，返済可能性の承認に大きな問題を抱えている。また，そこでの貸出利子率は，基本的に信用を締結した時の率に固定されたままであるため，利子率の変動によって当初より現行の利子率が高くなったとしても，当初の低い利子率のままの運用に耐えなければならない。逆に，現行の利子率が当初より低くなった場合には，信用を受けた側に負担が回ってくることになる。

　このような問題を解決すべく，長期の信用関係が締結される際には第三者への債権・債務の譲渡を可能にするような，たとえば証券といったかたちでの商品化がなされることになる。これが，いわゆる**債券**である。債券が売買される際の価格は，ごく単純化すると，それに記載された利率（クーポンレート）に対応した一定の利子額を，その時々の利子率で除して算出できる。債券の売買が行われる市場が**債券市場**である。

　もっとも，この債券市場は，ここまで本書において論じてきた市場とは大きく異なる。債券として商品化および売買がなされるのは，その返済能力が社会的に承認された特定の資本に限られ

る。また，債券が実際に売買される際には返済能力を調査する必要があるが，これに多くの費用がかかることが見込まれるのであれば，この活動に特化した資本の存在が求められると同時に，これらを監視・規制するなんらかの公的機関や法制化といった外的条件の動員が不可欠となる。債券市場は，こうした外的条件のバックアップをもって，はじめて多数の売買の集中に基づき一物一価を実現する特殊な市場，すなわち**取引所**として機能することになる。

信用の限定性と資本結合

長期資金の活用の仕方として，長期の信用関係の締結は理論上不可能ではないが，それは外的条件の支えを不可欠とする。また，債券市場を利用した長期資金の調達は一部の特定の資本にとどまるため，長期資金の調達および運用の方法として，長期信用は制約をもつといわざるをえない。基本的に信用関係は，値引き販売の代替策としての利用にみられるように，流動資本を対象とした比較的短期の個別資本間の関係になじむ。固定資本を対象とした長期にわたる資金の運用・調達に信用を利用することは，したがって，限定的にならざるをえないのである。

　これにたいし資本結合は，信用関係にあって実現に困難が残る長期資金の運用・調達動機を満たす点において，信用とはまた別の不可欠な役割を市場において果たすことになる。

　一方の，信用によっては必ずしも満たされない長期資金の運用動機は，商品化された結合資本にたいする持分の購入，つまり出資によって満たされる。出資は与信と異なり，資金を資本として投下するものであるため，結合資本側はそこであがった利潤を分与する必要がある。この分与部分が**配当**である。これは資金の売

第2章　市場組織　199

買によって生じる利子などではなく，資本の増殖分としての利潤に相当する。したがって出資は，信用の利用によっては困難な，長期に遊休を迫られる資金を早期に資本として投下するうえで極めて重要な役割を果たすわけである。なお，利潤のうち配当に回る割合は，配当性向とよばれる。

　他方，長期資金の調達動機は，資本結合ないし出資を受け入れるかたちで満たされる。資本結合によって，信用の利用によっては困難な早期の資本移動および固定資本の増強が可能になると同時に，新たに出資を受け入れる増資によって，個別資本の枠をこえた資本規模の拡張が可能になる。信用関係と異なり，出資にたいしては返済の必要がないことは，これが固定資本の増強に適していることを示している。

株式資本

結合資本にたいする持分の商品化によって，その商品化を必ずしも要さない当初の資本結合は，結合資本の経営ないし支配に関心をもたない経済主体からの出資を巻き込むかたちで，一段とパワーアップすることになる。

　もっとも，この商品化は，資本主義であれば必ず実現されるものではない。ここには債券の場合と同様，外的条件の動員が不可欠となる。とくに重要なのは，出資先の結合資本の責任を本業に遡及させることのない何らかの外的条件である。結合資本における債務返済の責任の上限を出資額までに規制する条項を**有限責任制**という。これが外的条件として動員されないかぎり，長期資金の出資に基づく運用は，その極度のリスクの高さゆえに事実上困難といえよう。

　こうした法制化を背景に，有限責任制が全出資者に適用された資本を**株式資本**という。株式資本にあっては一般的に，それに

たいする持分が第三者に譲渡可能かつ額面が均一および小口の形式に分割される。このうち証券の形式をとるものが**株式証券**（株券）である。これは，（1）その額面に比例した配当，つまり利潤を請求する権利（配当請求権）が付与された**利潤証券**（配当証券）としての側面と，（2）株式資本の経営にたいする1株1票の決定権（一株一議決権）が付与された**支配証券**（経営証券）としての側面をもつ。

> **株式市場**

株式証券が売買される市場が**株式市場**である。株式市場は，有限責任制の法制化を必要とすることから分かるように，外的条件の支えを必要としない市場一般とは大きく異なる。それは債券市場の場合と同様，将来にわたって利潤率の安定性が期待される株式資本の株式証券をめぐって，多数の売り手と買い手が集中し一斉に取引をすることで一物一価が制度的に実現される特殊な市場，つまり取引所として構築されることになる。

取引所としての株式市場は，商品化された結合資本にたいする持分が取引されるため，**資本市場**ともよばれる。また，そこでは形式的には株式証券が取引されるため，**証券市場**ともよばれる。債券市場もまた証券形式の債券が売買されるため，株式市場とあわせて証券市場に括られる。なお，証券市場は一般的に，証券が新たに発行される発行市場（プライマリー・マーケット）と，すでに発行された証券が売買される流通市場（セカンダリー・マーケット）とから構成される。

> **株　価**

株式証券の価格を株価という。株価は，株式証券が買われる目的に応じて，理論的には以下のように規定される。

第2章　市場組織　　201

まず，利潤証券として配当（インカム・ゲイン）を目的に買われる場合，基本的には債券価格の場合と同様，債券の利子に相当する配当をその時々の利子率で除した額が基準となる。なお，これは株価が，配当および利子率の変化に応じて変動することを示している。したがって，この変動を利用し，株式証券の転売を通じた売買差益（キャピタル・ゲイン）を目的に活動する資本が，株式市場においては現れることになる。こうした**投機証券**としては，売買差益が目的となるため，(1) 販売した際の株価−購入した際の株価＞0，(2) 将来の株価−現在の株価＞0，との予想が売買に踏み入る基礎となろう。

これにたいし，支配証券として買われる場合の株価は，利潤証券の基準価格を超えうる。出資をひろく募ることで，個別資本の範囲をこえた資本規模の拡張は可能になるが，発行された大量の証券がある特定の資本に買い占められることになれば，自己の資本にたいする経営権ないし支配権は失われてしまう。

このような，いわゆる買収（乗っ取り）は，買収する側からすれば迅速な資本規模の拡張に適しているほか，たとえば流通過程に特化する商業資本が生産領域に進出する際や，銀行業資本が諸産業にたいする支配力を強化する際の梃子となる。したがって，買収後の業績改善見込みなどの思惑的な要因もまた，支配証券としての株価には織り込まれることになる。

Column 景気循環

　ある社会全体の経済活動の状態のことを**景気**という。これはかなり漠然とした言葉だが，ひろく使われており，「景気なんてものはない，それは気分の問題だ」とムキになって否定してみたところで，そうよばれる現象はなくならない。景気がいいとか悪い

とか，何となくつい言ってしまうワケを探る必要がある。

景気の移り変わりは，**景気循環**とよばれる。ただ，特定の指標をピックアップして，その時系列を追っても，景気の理論にならない。その指標がどこまで伸びれば景気が良くて，どこまで下がれば悪くなったと言えるかについては，判定基準がどこにもないからである。

そうだとすれば，いきなり時間の流れを理論化しようとせず，まずは景気という全体的な経済のコンディションに関わる指標を，適切に絞り込む作業が必要である。このように，複数の要因から総合的に説明される状態概念を，一般に**相**とよぶ。

景気は相の一種であるとともに，経済主体にとっての活動環境でもある。環境の良し悪しは人によって感じ方が違うが，相として括れるような安定した経済状態の下では，無数の経済主体による環境評価が大まかに揃う。それゆえ景気には，ビジネスにとって良い環境と判断される**好況**と，逆の**不況**という2つの相がある。

これまで積み上げてきた原理論の内部に相の決定要因を探してみると，いくつか候補が浮かび上がってくる。それらは規模の指標と，比率の指標とに分けられる。前者には，生産規模や純生産物の総量など，後者には，一般的利潤率や蓄積率，利子率などがある。

しかし，これらの中からどれを指標として選ぶかは，商品経済的論理で決定できないし，原理的に候補を絞る手がかりもない。私的利得を追求する個別主体の行動に，経済全体の評価基準を決める力が備わっていないからである。そのため，景気循環の理論をつくるときには，この指標の選定の段階でどうしても恣意性が入り込む。

ただ，原理論を体系的に理解していれば，こうしたさまざまな指標の関連性は分かる。その体系に照らして，指標の意味を探ることは可能である。たとえば，一般的利潤率が，個別主体の利潤率最大化行動の結果として成立する全体指標であることを思い起こせば，相の要因として重要であることは分かる（第3篇第1章

第2章　市場組織　203

参照）。また，物価のように，その変動が原理的に不可知な指標を用いるときには，基準点の設定について意識的になる必要がある（第1篇第2章参照）。

そうした理論構築上の困難を踏まえたうえで，あえて景気循環という現象に理論的にアプローチするため，ここでは一般的利潤率と蓄積率の2つの指標を使い，全体の生産規模の上昇スピードの速さで好況と不況を考えてみる。一定期間での生産規模の増大分 ΔK は，利潤のうち蓄積された部分に相当するから，生産規模を K，一般的利潤率を R，蓄積率を s とそれぞれ表すと，次の式が書ける。

$$\Delta K = K \times R \times s$$

この式全体を K で割ると，

$$\frac{\Delta K}{K} = R \times s$$

となる。一般的利潤率は，第3篇第1章で見たような原理で決まる値である。他方，蓄積率は第2篇第3章では100%に固定されていたが，これは生産部面に投資が向かうかどうかによって変動の余地がある。右辺のこれら2つの要素によって，左辺，つまり生産規模の成長率が決定される。一般的利潤率と蓄積率がともに高位であれば，生産規模は速やかに増大していき，多くの資本はその環境を好況と判断する。それらが相対的に低ければ，生産規模の拡大は遅く，不況と感じられる環境になる。

さらに，景気にはこのような安定的な相に還元できない，不安定な局面もある。一部の業種だけ活況に沸き，その業種に関連しているかどうかで，ビジネス環境が良好かどうかの評価がくっきりと分かれてしまう局面である。

たとえば，うえで見たように生産規模の成長率で好況・不況を定義するなら，一般的利潤率の水準は高くても，それ以上に魅力的な資産商品があり，その取引市場に投資資金が流れ，蓄積率が

下がる場合は，その状況は好況とも不況とも言えない。それは，一部の資産市場だけが活性化する，不安定局面である。

このように局所的に取引が活発化する不安定局面では，値上がりしそうな商品に当たりがつけやすいので，そうした予想の同期を基礎に**投機**が発生する。そして本当に価格上昇が実現すると，投機が投機を呼び，累積的な価格上昇を引き起こす。これが継続できなくなり，価格が崩落すると，その影響が経済全体に波及することもある。

相が切り替わることを**相転移**というが，これが不安定局面を伴うかどうかは一概には言えない。多くの場合，不況から好況への転移はなだらかで，あまり見分けがつかない。それにたいし，好況から不況への転移ははっきり分かることが多い。経済全体を揺るがし好況の終わりを画する不安定的な状況は，とくに**恐慌**とよばれ重要視されてきた。

先ほどの好況・不況の定義下では，恐慌のきっかけには，一般的利潤率の低下をもたらすものと，蓄積率の低下をもたらすものの2種類がありうる。前者には，生産規模の増大に伴い，労働力商品が枯渇し，賃金が高騰する場合がある。後者には，資産市場での投機活動が考えられる。

資本主義の下での景気循環は，恐慌現象を歴史的に伴っており，それはその時々の資本主義の歴史的発展段階に応じて変化してきている。19世紀半ばのイギリスでは，当時の主力産業だった綿工業において急激に生産が拡大し，原材料の綿花価格の上昇が利潤を圧迫したため，それが原因で約10年ごとに恐慌が引き起こされていた。この周期的恐慌は，資本主義の下での景気循環の法則性を示す実例として，長らく恐慌分析の基準となってきた。

しかし，その後の資本主義の歴史は，ますます多様な恐慌現象を示しており，このような単純なモデルでは不十分になってきた。相と相転移というかたちで景気循環を抽象化し，複数の要因でそれを多角的に分析する理論が必要になってきたのは，そのためである。

20世紀の初めには，アメリカの株式バブルの崩壊がきっかけ
で，世界的な「大恐慌」が発生した。このときには，利潤の圧縮
が危機に先行していたとは言えないが，銀行の連鎖倒産によって
蓄積は大幅に収縮した。この「大恐慌」の経験から，第二次世界
大戦以後の資本主義世界では，それまで以上に包括的に国家が市
場へ介入するようになる。たとえば国際金本位制は再建されず，
管理通貨制への移行が決定的となった。

　この戦後の経済体制は，1970年代の「インフレショナリー・ク
ライシス」を契機に根本的に変わっていくことになる。そのとき
の資本主義世界は，戦後の高度経済成長に伴う賃金の上昇に，石
油危機がくわわり，インフレにもかかわらず利潤が伸び悩む，ス
タグフレーションという事態に直面した。

　こうした事態を打開するため，アメリカやイギリスでは，規制
緩和や民営化を通じて，それまで経済的な競争原理が導入されて
いなかった領域に，国家が積極的にそれを導入する新自由主義的
改革が実施された。国家は，市場への介入者から，市場の創出者
へと相貌が大きく変わった。

　新自由主義の下で金融規制緩和が推し進められた世界経済で
は，金融バブルが各所で発生した。それらは局所的な経済危機に
とどまっていたが，2008年には，ついに本拠地アメリカを震源地
として「リーマン・ショック」とよばれた世界金融恐慌が勃発し，
1980年代以来のアメリカを中心とした新自由主義の体制が，大き
な挑戦を受けることとなった。

　このように，恐慌現象は，ときに資本主義の歴史的転換点とな
るのであり，その全体構造を読み解くうえで欠かせないものと
なっている。それゆえ，景気循環の理論は，単なる好況と不況の
交代だけではなく，この恐慌まで説明できてはじめて完成する。
恐慌自体は一瞬で過ぎ去ってしまう現象なのにもかかわらず，「恐
慌論」という言葉が，景気循環論とほとんど同義に使われるのは，
そのためである。

206　　第3篇　機構論

おわりに

　「はじめに」で述べた通り，本書は，小幡道昭著『経済原論』に触発された4名の共著者からなる『これからの経済原論』である。資本主義が歴史的に発展するのはなぜなのかという問いにたいする論理的な説明は，本文で一通り提示した。この「おわりに」では少し趣向を変えて，アタマからシッポに至るまで一貫した体系性を旨とする『経済原論』を，どのように4名で執筆したのか，最後に楽屋裏を覗いておしまいにしよう。

　本書は，4名の阿吽の呼吸で自然発生的に企画されたものではない。その意味では中心となる発案者の打診がきっかけだった。2015年から2016年にかけてのことだっただろうか，いちばん年嵩のメンバーは，当初，腰が引けたと述懐している。そんななか，2017年に「さくら原論研究会」が組織され，本書の執筆が正式に始まった。ところで，「原論研究会」には何のひねりもないとして，「さくら」とは何を意味するのか。ある回の検討会の会場が「さくら区」にあったこと，その日の懇親会で，

　　「○○『原論』と通称されるナマエが欲しいね。」

　　「今日はさくら区で原論研究会をやったから，『さくら原論研究会』でいいんじゃない？」

　　「お～，さくら『原論』か。じゃあ，カバーはさくら色だ。」

　　「いいね～。」

という感じで研究会の名称は定まった。

　その勢いのまま，急ピッチで原稿執筆が進んだ。目次を一瞥すれば分かるように，本書は，全体の叙述に4名が責任をもつとい

207

う意図から共同執筆とし，「さくら原論研究会」編という体裁を選択している。

　もとより，文章の一語一句に至るまでをゼロから相談していたのでは，いつまでたってもかたちにならない。このため，「はじめに」から「おわりに」へと至る各パートの起草者の割り当ては行った。各自の研究テーマとかぶる担当パートもあれば，初めて文章化を試みる担当パートもあった。いずれにしても，担当者がねじり鉢巻きで仕上げた草稿に「検討」を加えて，さくら『原論』のかたちを探った。

　議論の深まりは，『経済原論』がこれから目指すべき方向についての共通認識をメンバー間にもたらした。と同時に，議論すればするほど互いの見解の相容れなさが顕わになることもあった。どうやらその原因の一つは，各自が，基本的には序論（☞ 「前提条件」）で設定した諸条件に基づいて推論を行っているのだが，意識的もしくは無意識的に新たな条件を追加して議論を組み立てている点にあった。このため，起草者にとってはそのように「想定」することがえも言われぬ旨味に感じられるのに，他のメンバーにとってはアクや雑味でしかないということが少なからず生じた。

　そのように「想定」してしまう理由，または，そのように「想定」しない理由は，各自に染み付いた考え方のクセであり，その部分の根本的なすり合わせは端から望めない。それを不用意に試みたら最後，本書は出版されなかったはずである。とはいえ，いくつかあり得る「想定」のどれかを実際に選択して論理を展開しなければ，さくら『原論』にならないこともまた確かであった。突き詰めれば同床異夢なのだろうが，押したり引いたりの議論を繰り返し，賛否はありつつも，ともかくどのような「想定」をおくのかという問題をどうにか切り抜けた。

　　208　おわりに

推論の前提となる諸条件のセットが定まれば，あとは同学のよしみ。AならばB，BならばC，CならばDまたはEと推論できるがFはありえないという，修業時代に叩き込まれたスタイルを共有できた。その成果が本書である。論理的に詰め切れなかった箇所もいくつかあるが，それは各自の今後の研究課題である。

　もっとも，読者にとっては本文に書かれた内容がすべて。楽屋裏にさほど興味はないだろう。歴史的に資本主義は大きく姿を変えてきたが，そこにはどのような論理があるのだろうか。そして，現代はどういう時代なのだろうか。こうした問いに回答する基礎を，『これからの経済原論』は提供できているだろうか。その評価は読者に委ねるほかない。執筆を終えた我々も，一読者の立場で引き続き考えてみたい。

　なお，本書の執筆にさいして，当時，東京大学大学院経済学研究科博士課程在籍の塩見由梨氏（東北学院大学）に原稿を一字一句検討頂き，叙述を改善するうえでの，学生目線，研究者目線を横断する多くの貴重なコメントを寄せて頂いた。また，ぱる出版の奥澤邦成氏は，本書の出版を快諾してくださり，私たちの細かな要望まですくい取ってくださった。本書の使用価値が多少なりとも良質なものになっているとするならば，その多くは両氏のご助力に負うものである。ここに記して両氏に厚謝申し上げる。

2019 年 8 月 16 日

　　　　　泉 正樹・江原 慶・柴崎 慎也・結城 剛志

索　引

あ

後払い (deferred payment)　46
アナーキズム (anarchism)　43
生きた労働 (lebendige Arbeit)
　→労働
意識 (consciousness)　70
異種労働の合算可能性
　　(commensurability of the different
　　kinds of labour/heterogeneous
　　labour)　→労働
委譲・代位関係 (organisation between
　　industrial capital and commercial
　　capital)　187
一物一価 (law of one price)　199
一覧払い (payment at sight)　176
一般的価値形態
　　(allegemeine Wertform, general
　　form of value)　29
一般的交換性
　　(general exchangeability)　30
一般的富 (general wealth)　41
一般的利潤率 (allgemeine Profitrate,
　　general profit rate)　→利潤率
一般的流通　189
イデオロギー (Ideologie, ideology)　37
インカム・ゲイン　202
インターバンク市場　182
インフレ (inflation)　42
インフレショナリー・クライシス
　　(inflationary crisis)　206

か

宇野弘蔵 (Uno, Kōzō)　10
裏書き (endorsement)　169
運輸費 (Transportkosten, transportation
　　costs)　136
置塩信雄 (Okishio, Nobuo)　10
卸売商 (wholesaler)　192

か

階級 (Klasse, class)　110
階級関係 (class relationship)　110
階級社会 (Klassengesellschaft, class
　　society)　110
開口部 (aperture)　15
　〈1〉貨幣形態　32
　〈2〉価値増殖の方法　59
　〈3〉労働力の買い方　98
　〈4〉労働市場　125
　〈5〉本源的自然力の所有　152
外的条件 (external conditions)　30
価格 (Preis, price)　31
　生産価格　137
価格の度量標準 (Maßstab der Preise,
　　standard of price)　30
拡大再生産 (erweiterte Reproduktion)
　　→生産
拡大された価値形態 (entfaltete Wert-
　　form, expanded form of value)　26
家財　17
貸倒準備　175
型づけ (casting)　125
価値 (Wert, value)　20

211

価値形態 (Wertform, value form)　23

価値実現 (realization of value)　36

価値尺度 (Wertmaß, measurement of value)　36

価値尺度機能 (function of measure of value)　36

価値増殖 (Vertwertung, valorization)　50

価値の貨幣形態 (money form of value)　30

価値の自立化　28

価値の内在性 (inherent character/nature of value)　22

価値表現 (Wertausdruck, expression of value)　23

価値量 (Wertgröße)　20

株価 (stock prices)　201

株式市場 (stock market)　201

株式資本 (Aktienkapital, stock capital)　200

株式証券（株券）(stock certificate)　→証券

貨幣 (Geld, money)　30

貨幣価値の不可知性　42

貨幣形態 (Geldform, money form)　30

貨幣資本 (Geldkapital, money capital)　132

貨幣数量説 (quantity theory of money)　38

貨幣増加 (increase of money)　48

貨幣取扱費 (money-handling cost)　167

貨幣流通 (Geldumlauf, current of money)　37

為替手形 (Wechsel, a bill of exchange)　→手形

間接交換を求める形態 (value form for indirect exchange)　25

完全自動化（完全オートメーション）(full automation)　85

簡単な価値形態 (einfache Wertform, sinple form of value)　23

管理通貨制 (managed currency system)　206

機械 (Maschine, Maschinerie, machine)　95

機械体系 (Maschinensystem, system of machinery)　96

機構論 (theory of market system)　131

技術（テクノロジー）(Technik, technology)　85

技術的確定性　106

規制緩和 (deregulation)　206

技能（スキル）(Geschick, skill)　83

客体 (object)　16

キャピタル・ゲイン　202

協業 (Kooperation, cooperation)　75
　単純協業　76

協業に基づく分業 (the division of labour based on the cooperation)　76

恐慌 (Krise, Crisis)　205

強制通用力 (Zwangskurs)　31

競争 (Konkurrenz, competition)　45

競争心 (Wetteifer, emuration)　77

共同体 (community)　11

銀行業資本 (Bankierkapital, banking capital)　175

銀行業組織 (interbank organization)

→資本間組織（組織）

銀行券 (Banknoten, banknote)　181

銀行信用 (Bankkredit, bank credit)　170

クーポンレート　198

クリエイティブ・コモンズ　153

久留間鮫造 (Kuruma, Samezō)　10

景気　202

景気循環 (industrilles Zyklus, business cycles)　203

経済 (Wirtschaft, economy)　11

経済学の原理論 (principles of political economy)　10

計算貨幣 (Rechengeld, money of account)　33

継続雇用型の労働市場　→労働市場

継続的取引 (continuous transactions)　188

ゲゼル (Gesell, Silvio)　43

結合資本 (assoziiertes Kapital)　53

決済 (settlement)　46

現金 (cash)　45

現金価格　46

原始的蓄積（本源的蓄積）(ursprüngliche Akkumulation des Kapitals, primitive accumulation)　→資本主義的蓄積（資本蓄積）

交換 (Austausch, exchange)　12

交換性 (exchangeability)　20

交換要求 (demand for exchange)　23

交換を求める形態 (value form for exchange)　23

好況 (prosperity)　203

広告宣伝費　54

購買過程 (purchasing process)　133

購買力 (purchasing power)　40

合目的的活動 (zweckmäßige Tätigkeit, purposive activity)　→労働

小売商 (retailer)　192

小切手 (check)　182

国際金本位制 (international gold-standard system)　206

国定貨幣 (Staatspapiergeld, state money)　33

互酬 (reciprocity)　12

個人資本家　→資本家

固定資本 (fixes Kapital, fixed capital)　155

固定資本の償却 (depreciation of fixed capital)　155

個別の産業資本 (individual industrial capital)　174

雇用 (employment)　110

雇用人口　→雇用量

雇用量 (number of employees)　119

　雇用人口　123

さ

債券 (bond)　198

債券市場 (bond market)　198

在庫 (Vorrat, stock)　44

最終消費者 (final consumer)　188

再生産 (Reproduktion, reproduction)　→生産

再分配 (redistribution)　12

再割引 (rediscount)　182

差額地代 (Differentialrente, differential rent)　→地代

先物取引 (futures)　193

作業場内分業 (Teilung der Arbeit innerhalb einer Werkstatt, division of labour within a workshop) →分業

先渡取引 (forward) 193

搾取 (Ausbeutung, exploitation) 114

搾取率 (Ausbeutungsrate, exploitation rate) 114

産業資本 (industrielles Kapital, industrial capital) 132

産業組織 (inter-industrial organization) →資本間組織（組織）

産業予備軍(industrielle Reservearmee, industrial reserve army) 124

産出 (output) 68

時間賃金 (Zeitlohn, time-wages) →賃金

資金 (fund) 47

自己資本 (equity) 179

資産 (asset) 21

持参人払い (payment to bearer) 176

市場 (Markt, market) 10

市場社会主義 (market socialism) 43

市場組織 (market organization) →資本間組織（組織）

市場の完結性 60

市場の浸透力 61

自然過程 (natural processes) 66

姿態変換 (Formwechsel) 57

私的所有権 (private ownership) 16

自動化効果 (automation effect) 85

地主 (Grundeigentümer, landowner) 148

支配証券（経営証券） →証券

支払手段 (Zahlungsmittel, means of payment) 31

支払準備 (reserves for payment) 174

資本 (Kapital, capital) 50

資本移動 (Kapitalwanderung) 135

資本家 (Kapitalist, capitalist) 53

個人資本家 53

資本間組織（組織）(inter-capital organization) 159

銀行業組織 180

産業組織 160

市場組織 154

商業組織 191

組織化 159

資本結合 (joint form of capitals) 195

資本構成 (Zusammensetzung des Kapitals) 120

資本市場 (capital market) 201

資本主義(Kapitalismus, capitalism) 10

資本主義的市場 (capitalist market) 60

資本主義的蓄積（資本蓄積）(kapitalistische Akkumulation/Akkumulation des Kapitals, capitalist accumulation) 118

原始的蓄積 119

本源的蓄積 119

資本投下（投資）(Kapitalanlage, investment) 50

資本の運動 (motion of capital) 52

資本の本体 (body of capital) 50

『資本論』(*Das Kapital*) 10

社会 (Gesellschaft, society) 11

社会的再生産 (gesellschaftliche Repro-

duktion, social reproduction) →
生産

社会的生産 (gesellschaftliche Pro-
ducktion, social production) →
生産

社会的分業 (gesellschaftliche Ar-
beitteilung, social division of
labour) →分業

奢侈品 (Luxusartikel, luxuries) 105

シャドーワーク 126

習熟効果 (proficiency effect) 83

集積効果 59

集団力 (Massenkraft, collective power)
75

縮小再生産 →生産

熟練労働 (geschickte Arbeit, skilled
labour) →労働

受信 46

受信動機 170

主体 (subject) 16

主体の複数性 17

出資 (capital coutributions) 53

取得 109

需要と供給(Nachfrage und Zufuhr,
Supply and demand) 132

純生産物 (net product) →生産物

純利潤 (net profit) →利潤

純利潤率 (net profit rate) →利潤率

使用価値 (Gebrauchswert, use value)
19

償却資金 155

商業資本 (Handelskapital, commercial
capital) 184

商業資本の段階分化 192

商業信用 (kommerzieller Kredit, com-
mercial credit) 161

商業組織 (commercial organisation)
→資本間組織（組織）

商業流通 189

証券 (securities) 27

株式証券 201

支配証券 201

投機証券 202

利潤証券 201

証券市場 (securities market) 201

消費 (Konsumtion, consumption) 68

商品 (Ware, commodity) 19

商品貨幣 (commodity money) 30

商品経済的富 40

商品資本 (Warenkapital, commodity
capital) 132

商品所有者 20

商品体 (Warenkörper, physical body of
the commodity) 23

商品取引所 (commodity exchange)
192

商品の大量性 17

商品の複数性 17

商品売買市場 12

商品流通 (Warenzirkulation) 37

剰余価値 (Mehrwert, surplus value) 54

剰余生産物 (Mehrprodukt, surplus
products) →生産物

剰余労働時間 (Mehrarbeitszeit, surplus
labor time) →労働時間

新自由主義 (neoliberalism) 206

身体 (body) 70

死んだ労働 (tote Arbeit) →労働

信用価格 (credit price)　46

信用創造 (credit creation)　176

信用調査費　167

信用売買 (credit transaction)　46

スタグフレーション (stagflation)　206

ストック (stock)　24

スミス (Smith, Adam)　10

スラッファ (Sraffa, Piero)　10

生活過程　111

生活人口　126

生活物資 (Lebensmittel, means of consumption)　109

生産 (Produktion, production)　68

　拡大再生産　119

　再生産　103

　社会的再生産　105

　社会的生産　105

　縮小再生産　118

　単純再生産　118

生産価格 (Produktionspreis, prices of production)　→価格

生産過程 (Produktionsprozeß, process of production)　103

生産規模　135

生産資本 (produktives kapital, productive capital)　132

生産手段 (Produktionsmittel, means of production)　103

生産条件 (conditions of production)　134

生産物

　純生産物　103

　剰余生産物　111

　粗生産物　103

生産論 (theory of production)　65

絶対地代 (absolute Grundrente, absolute rent)　→地代

相 (phase)　203

　相転移 (phase transition)　205

増資 (capital increase)　200

相対的過剰人口 (relative Übervölkerung, relative surplus population)　121

相対的価値形態 (relative Wertform, relative form of value)　23

相転移 (phase transition)　→相

相場　45

贈与 (gift)　12

総労働時間 (total labour time)　115

属性　16

組織　159

組織化　→資本間組織（組織）

粗生産物 (gross product)　→生産物

粗利潤 (gross profit)　→利潤

粗利潤率 (gross profit rate)　→利潤率

損益計算書 (profit and loss statement)　54

た

大恐慌 (the Great Depression)　206

貸借対照表 (balance sheet)　51

対象化された労働 (vergegenständlichte Arbeit, embodied/objectified labour)　→労働

代理物 (representatives)　27

他人のための使用価値 (Gebrauchswert für andre, use value for others)　20

単価 (unit price) 35

単純協業 (einfache Kooperation, simple cooperation) →協業

単純再生産 (einfache Reproduktion, simple reproduction) →生産

単純な商品流通 59

単純労働 (einfache Arbeit, simple labour) →労働

単発雇用型の労働市場 →労働市場

地域通貨 43

蓄積資金 156

蓄積率 (accumulation rate) 118

蓄蔵貨幣 (Schatz, hoarded money) 40

蓄蔵手段 (means of hoarding) 40

地代 (Gruntrente, rent) 148

　差額地代 149

　絶対地代 150

　独占地代 150

知的財産権 (intellectual property right) 152

致富衝動 (Bereichung) 41

中央銀行 (central bank) 182

鋳貨準備金 (Reservefonds von Münze) 40

抽象力 15

超過利潤 (Surplusprofit, surplus profit) →利潤

長期の信用 (long-term credit) 197

賃金（労賃）(Arbeitslohn , wage) 98

　時間賃金 99

　出来高賃金（個数賃金） 100

賃金形態 (wage form) 99

賃金制度 (wage system) 99

賃金率 (wage rate) 99

手形 (bill) 168

　為替手形 169

　約束手形 168

手形交換所 (clearing house) 182

手形割引 (discounting of bill) 181

出来高賃金（個数賃金）(Stücklohn, piecewages) →賃金

転売 (resale) 48

デフレ (deflation) 42

等価形態 (Äquivalentform, equivalent form of value) 23

投下資本 (invested capital) 53

投機 (Spekulation, speculation) 193

投機証券 →証券

当座貸越 (overdraft) 182

当座預金 (current account) 182

同種商品 (commodities of the same species) 17

投入 (input) 68

特別利潤 (Extraprofit, extra profit) →利潤

独占地代 (Monopol rente) →地代

独立小生産者 (small independent producer) 54

土地改良 151

富 (Reichtum, wealth) 40

取引所 (Börse, exchange) 199

な

値引き販売 45

は

買収（乗っ取り） 202

配当 (dividend) 199

索　引　217

配当請求権 (dividend right) 201

配当性向 (dividend payout ratio) 200

売買 (buying and selling) 36

売買の不可逆性 36

発見 148

発行市場 (プライマリー・マーケット) (primary market) 201

発展段階論 (stages theory of development) 15

バベッジの原理 (Babbage principle) 94

販売過程 133

販売期間 (Verkaufszeit) 44

必要労働時間 (notwendige Arbeitszeit, necessarily labor time) →労働時間

一株一議決権 (one share one vote) 201

費用 (Kosten, costs) 52

費用価格 (Kostpreis, cost price) 136

評価を求める形態 (value form for expression) 24

表券貨幣説 (chartalist theory of money) 33

フィッシャーの交換方程式 (Fisher's equation of exchange) 39

不換銀行券 (inconvertible banknote) 183

不況 (depression) 203

複雑労働 (komplizierte Arbeit, complex labour) →労働

複数商品による価値表現 (expression of value by multiple commodities) 26

不熟練労働 (unskilled labour)

→労働

物価 (prices) 42

物象化 (Versachlichung, reification) 142

物々交換市場 (barter) 12

プルードン (Proudhon, Pierre-Joseph) 43

フロー 54

不渡準備 168

分業 (Teilung der Arbeit, division of labor) 81

　作業場内分業 81

　社会的分業 82

分散化 190

分配 (distribution) 11

平均利潤 (Durchschnittsprofit, avarage profit) →利潤

変容論 (polymorphic approach) 14

法貨 (legal tender) 30

保管費 (Aufbewahrungskosten) 136

補塡 109

本源的自然力 148

本源的蓄積 →資本主義的蓄積（資本蓄積）

ま

マージン 54

マルクス (Marx, Karl) 10

民営化 (privatization) 206

持ち手変換 (Händewechsel) 12

モノ (Ding) 11

や

約束手形 (promissory note) →手形

有限責任制 (limited liability)　200

有効需要 (effective demand)　38

有用性 (Nützlichkeit, utility)　16

預金設定　182

与信　46

与信動機　170

欲求 (Bedürfnis, want)　23

ら

リカードウ (Ricardo, David)　10

利子 (Zins, interest)　47

利潤 (Profit)　53

　純利潤　54

　粗利潤　53

　超過利潤　147

　特別利潤　147

　平均利潤　137

利潤証券（配当証券）　→証券

利潤率 (Profitrate, rate of profit)　54

　一般的利潤率　135

　純利潤率　133

　粗利潤率　134

利子率 (Zinsrate, interest rate)　179

利得追求　17

流通過程 (Zirkulationsprozeß, process of circulation)　132

　流通過程の不確定性 (indeterminate nature of circulation process)　133

流通市場（セカンダリー・マーケット）　201

流通資本 (Zirkulationskapital, circulation capital)　132

流通手段 (Zirkulationsmittel, means of circulation)　37

流通費用 (Zirkulationskosten, circulation costs)　52

流通論 (theory of circulation)　19

流動資本 (zirkulierendes Kapital, circulating capital)　155

労働 (Arbeit, labour)　70

　生きた労働　120

　異種労働の合算可能性　107

　合目的的活動　70

　死んだ労働　120

　熟練労働　92

　対象化された労働　108

　単純労働　92

　複雑労働　92

　不熟練労働　92

労働価値説 (labour theory of value)　141

労働過程 (Arbeitsprozeß, labour process)　72

労働時間 (Arbeitszeit)　107

　剰余労働時間　113

　必要労働時間　113

労働時間の貨幣的表現 (monetary expression of labour time)　129

労働市場 (labour market)　122

　継続雇用型　124

　単発雇用型　123

労働手段 (Arbeitsmittel, means of labour)　72

労働人口 (labour force)　121

労働生産性 (labour productivity)　116

労働対象 (Arbeitsgegenstand, object of labour)　71

労働の技術的構成　120

労働力 (Arbeitskraft, labour power)　70

労働力の結合 (combination of labour power)　73

労働力の商品化 (commodification of labour power)　88

【執筆者紹介】

さくら原論研究会
　主としてマルクス経済学の原理論を再検討する研究会。
　2017 年 9 月 10 日発足

泉　正樹
　1975 年生まれ。東北学院大学経済学部教授

江原　慶
　1987 年生まれ。東京工業大学リベラルアーツ研究教育院准教授

柴崎慎也
　1984 年生まれ。東京経済大学経済学部講師

結城剛志
　1977 年生まれ。埼玉大学大学院人文社会科学研究科教授

これからの経済原論

| 2019 年 10 月 10 日 | 初版発行 |
| 2022 年 4 月 1 日 | 2 刷発行 |

編　者　さ く ら 原 論 研 究 会
著　者　泉　正樹・江原　慶
　　　　柴崎慎也・結城剛志
発行者　奥　沢　邦　成
発行所　株式会社ぱ る 出 版

〒 160-0011　東京都新宿区若葉 1-9-16
電話 03(3353)2835（代表）振替 東京 00100-3-131586
FAX 03(3353)2826　　印刷・製本　中央精版印刷㈱

Ⓒ 2019　Izumi, M. Ehara, K. Yuki, T. Shibasaki, S.　　Printed in Japan
落丁・乱丁本は、お取り替えいたします。
ISBN 978-4-8272-1233-4　C3033